Ansgar Oberholz

Für hier oder zum Mitnehmen?

Ansgar Oberholz

FÜR HIER ODER ZUM MITNEHMEN?

St. Oberholz – der Roman

ullstein extra

Ullstein extra ist ein Verlag der Ullstein Buchverlage GmbH
www.ullstein-extra.de

ISBN 978-3-86493-009-6

Gesetzt aus der Sabon
bei Pinkuin Satz und Datentechnik, Berlin
Druck und Bindung: CPI – Ebner & Spiegel, Ulm
Printed in Germany

Der rote Pelz reicht nicht allein,
ein bisschen Fuchs musst du schon sein.

PROLOG

Zum Schutz an eine Hauswand gelehnt, stehe ich am Rosenthaler Platz. Bis hierhin kommt der Gewitterregen nicht. Ich warte auf die Elektrische. Digitale Anzeigetafeln gibt es noch nicht. Der Zahnarzt sagte, ich solle nüchtern zur Wurzelresektion kommen. Jemand rempelt mich an. Der versucht möglichst nah an der Hauswand entlangzugehen, um dem Regen zu entkommen, das alte Haus schützt. Trotzdem hätte er mich sehen müssen. Ich kann mich nicht erinnern, an einem frühen Novembermorgen schon einmal ein Gewitter erlebt zu haben.

Bis vor ein paar Stunden habe ich gefeiert. Meinen Ausstieg aus meiner Werbeagentur. Nach dem Notartermin bin ich mit Freunden essen gegangen und habe den Verkaufspreis meines Anteiles verjubelt. Ein Euro als symbolischer Wert müsse mindestens übertragen werden, sagte der Notar. Meine Geschäftspartnerin war so nett und gab ihn mir gleich in bar. Keine gute Zeit für Werbeagenturanteilsverkäufe. Das Platzen der Dotcom-Blase hallt noch immer nach.

Direkt gegenüber ist bis vor kurzem ein Beate-Uhse-Sexshop gewesen, das Eckgebäude war baufällig und musste abgerissen werden. Beate Uhse zog ein Haus weiter in die Brunnenstraße, Richtung Wedding. Auf der neu entstandenen Brache, einem dreieckigen Grundstück in bester Lage, befinden sich nun mehrere Buden. Durch den Abriss wurde eine Brandwand offengelegt, sie ist unverputzt. Der Umriss des nicht mehr vorhandenen Hauses ist darauf gut zu erkennen. In der Mitte der Wand sind frisch zugemauerte Durchbrüche, die neuen weißen Steine ergeben zwei ausladende weiße Flächen. Die untere ziert ein riesengroßes Graffiti in schwarzer Schrift: »KEGR«. Nicht gesprüht, sondern gerollt. Zwischen dem E und dem G ist ein Zeilenumbruch eingefügt, so dass die Typografie auf die exakt quadratische Grundfläche passt. Die Signatur des Street-Art-Künstlers beherrscht die Brandwand und die Brandwand den Rosenthaler Platz.

Bei den Buden unterhalb findet man fast alles, einmal quer durch die internationale Küche. Zwei Dönerbuden, ein Asia-Imbiss, ein Grieche, eine Art Backshop und ein Blumenhändler. Fast schon ein kleines Einkaufscenter.

Das Gewitter ist nun genau über mir, Blitz und Donner folgen beinahe gleichzeitig aufeinander. Ich drehe mich um. Was ist das überhaupt für ein Gebäude, an dem ich stehe? Ein Eckhaus mit einer großen Gewerbefläche im Erdgeschoss, die offensichtlich nicht genutzt wird. Es scheint nur als Unterstand zu dienen. Als ich vor fünfzehn Jahren aus der Senke meiner westdeutschen Kleinstadt nach Berlin kam, befand sich dort ein Burger King. Wenn selbst die einen Ort verlassen!

Wie kann es sein, dass eine gastronomische Einrichtung in dieser Lage ohne Betreiber ist? Ein lang anhaltender Blitz erleuchtet den Platz. Ich trete von der Hauswand weg in den Regen, als würde ich in einen See springen. Ich spüre die Nässe aber gar nicht. Der nächste Blitz zeigt mir, das Haus steht tatsächlich leer. Ein altes Signet scheint unter der Farbe verborgen.

Der Zahnarzt meinte hoffentlich Nüchternheit in Bezug auf Nahrung, sicherlich habe ich noch Restalkohol im Blut. Nach dem Essen konnten wir die Stopptaste nicht finden und landeten erst im Bad Kleinen im ehemaligen Auslandspostamt der DDR in der Krausenstraße und dann auf einer illegalen Party, an die ich mich nur schemenhaft erinnere. Irgendwo nördlich der Charité, der Eingang war einfach ein Loch im Rasen, ein verlassener Keller, das weiß ich noch. Die anderen Schemen, die ich sehe, will ich lieber schnell wieder vergessen.

Ich starre auf die Stelle, an der ich das alte Signet vermute, und warte die nächste Ausleuchtung ab, um herauszufinden, ob ich es mir nur eingebildet habe. Ich muss nicht lange warten, eine Blitzsalve bietet beste Lichtverhältnisse.

ASCHINGER steht dort in alter Schriftart, ASCHINGER 9te BIERQUELLE. In diesem Moment fällt mir alles ein: Franz Biberkopf, *Berlin Alexanderplatz*, Rosenthaler Platz, Aschinger, Döblin, alles, was meine Deutschlehrerin mir vor Jahren mühevoll eingetrichtert hat. Genau an diesem Ort befinde ich mich!

Das Haus ruft mich. Ich setze noch einen Schritt zurück, um es besser sehen zu können. Ein alter Lastkraftwagen – »Schulze – Abrissarbeiten und Schuttbeseitigung« – fährt vorbei, und eine große Welle Wasser schwappt über den Bordstein und über meine Beine. Auch das sehe ich mehr, als dass ich die Nässe fühle.

Meine Tram naht, ich trete schnell an das Haus heran und umarme einen Mauervorsprung am Eckeingang, drücke meine nasse Backe an die nasse Wand. Ich kann nicht sagen warum, es passiert einfach. Und es fühlt sich merkwürdig warm an – Beton, der trocknet, erzeugt Wärme. Auf dem

Weg zur Straßenbahnhaltestelle bemerke ich, dass sich mein Portemonnaie nicht mehr in meiner Jacke befindet. Glücklicherweise habe ich noch den Euro in meiner Hosentasche.

1.

DER MANN FÜRS WESENTLICHE

Es klopft energisch an der Tür.

»Ja bitte!«, rufe ich laut, um gegen den Lärm der Lüftungsmotoren anzukommen.

Die Tür öffnet sich, ein Mann mittleren Alters, gekleidet in einen weißen Kittel, steckt vorsichtig den Kopf herein. Unter seinem linken Arm klemmt eine abgegriffene Ledermappe. Er hält sie so, als müsse er sie schützen, da sie ihm jeden Moment entrissen werden könnte.

»Guten Tag! Das Fräulein unten im Erdgeschoss sagte mir, dass ich hier den Chef finden könnte.«

Mein erstes Büro befand sich im Lüftungsraum, auf halber Treppe zwischen Erdgeschoss und Obergeschoss. Die beiden Etagen sind durch eine großzügige, alte, knarrende Holztreppe miteinander verbunden, deren Mitte ein offenes Treppenauge umfasst. Die Gebrüder Aschinger betrieben im Erdgeschoss eine Bierhalle und im Obergeschoss einen Tanzsaal. Die Toiletten befanden sich in einem kleinen Raum auf halber Treppe. Dort, wo heute die Lüftungstechnik untergebracht ist.

»Ich bin der Chef.« Ich lächele den Mann im weißen Kittel an.

»Ich komme vom Veterinär- und Lebensmittelaufsichtsamt Berlin-Mitte. Es geht um Ihre Gaststättenkonzession. Im Besonderen um den Nachweis einer Personaldusche.«

Die Personaldusche! Einige Wochen zuvor hatte ich den entscheidenden Termin zur Erteilung der Gaststättenkonzession im Rathaus Mitte. Alle Bedingungen dafür wurden von mir erfüllt – was nicht ausgesprochen einfach war. Einzig eine Personaldusche fehlte noch. Die sonst so strenge und unbarmherzige Dame im Amt gab mir zwischen den Zeilen zu verstehen, dass ich das Café trotzdem schon eröffnen könne, sobald ich die Dusche errichtet hätte.

»Ich gehe davon aus, dass Sie das sehr zeitnah umsetzen werden.« Dabei klimperte sie erstaunlich heftig mit ihren Augenlidern. Dass einer ihrer Kontrolleure so schnell hier auftauchen würde, damit hatte ich nicht gerechnet, denn das Klimpern ihrer Augenlider war so heftig gewesen, dass ich mir einbildete, sogar einen kleinen Windhauch zu verspüren.

Das Betreiben einer Gaststätte mit Speisenabgabe ohne Konzession ist streng verboten und führt in der Regel zu ähnlichen Konsequenzen wie das Führen eines Kraftfahrzeuges ohne Fahrerlaubnis. Ich hoffe, dass Klamotte die Dusche mittlerweile eingebaut hat. Ich selber hatte das inzwischen ganz vergessen. Das Café hat seit ein paar Tagen geöffnet, es sieht allerdings nicht so aus, da sich nur selten ein Gast darin befindet.

»Die Personaldusche? Ja, die haben wir ordnungsgemäß installiert. Sie befindet sich direkt über den Gasträumen im zweiten Stock.« Ich gehe jetzt das volle Risiko ein, Klamotte wird den Job schon erledigt haben.

»Sie haben ja noch nicht offiziell eröffnet, nehme ich an?«

»Nein, wo denken Sie hin? Wie sollte ich ohne Ihre Genehmigung eröffnen, das würde ich niemals wagen«, stoße ich entrüstet hervor und wundere mich über meine Schlagfertigkeit.

Ich trete aus der Lüftungskammer und luge vorsichtig an dem Lebensmittelaufsichtsamtskontrolleur vorbei. Keine

Menschenseele, außer Milena und Shanti, die vor der Tür stehen und eine Raucherpause machen. Milena, meine forsche, gutaussehende Kellnerin, die gerade mit einer glühenden Zigarette im Mundwinkel ihr langes, nussbraunes Haar zu einem Zopf bindet, und Shanti, mein spiritueller Koch mit indischen Wurzeln, die man ihm deutlich ansieht.

Der Vermieter hat mir während der Renovierungsphase freundlicherweise das leerstehende zweite Stockwerk direkt über dem Café als Lager überlassen. Da die Installation der Personaldusche im Keller sehr aufwendig und teuer gewesen wäre, gab mir Klamotte den Tipp, sie im zweiten Stock aufzustellen, im Vorraum der Toilette.

Klamotte wurde in der Torstraße geboren, nicht weit vom Café entfernt, und ist zu Ostzeiten als Klempner, Gasmann und Elektriker ausgebildet worden. Lange arbeitete er für die Städtischen Gaswerke Ostberlins in der Abteilung Gasnotdienst. Er ist wie ein Schweizer Taschenmesser für Gastronomen.

In den letzten Tagen vor der Eröffnung, als es mit der Zeit knapp wurde und ich Sorge hatte, den Termin, den ich schon mehrmals verschoben hatte, wieder nicht halten zu können, empfahl mir einer der auf der Baustelle tätigen Handwerker, Klamotte zu kontaktieren: »den Mann fürs Wesentliche«. Als ich ihn traf, übergab er mir eine Visitenkarte. Auf der Vorderseite stand »Klamotte – Haus- und Gastroservice«, auf der Rückseite nur seine Mobiltelefonnummer. Er war bei einem der großen Berliner Nachtclubs als Hausmeister fest angestellt und verdiente sich in anderen Clubs und Kneipen etwas dazu. Wenn er in den letzten Tagen nicht mit angefasst hätte, wäre ich gezwungen gewesen, den Eröffnungstermin erneut zu verschieben. Das hätte auch der Bank, bei der ich ein Darlehen zur Finanzierung des Umbaus aufgenommen hatte, sicherlich nicht gefallen.

In einem Abrisshaus, in dem er zu tun hatte – Klamotte hatte immer in allen möglichen Häusern etwas zu tun –, konnte er eine Duschkabine ergattern. Eine All-inclusive-Duschkabine, mit Pumpe und Abfluss, die man wie eine Waschmaschine an vorhandene Waschbecken anschließen kann. Solche Duschen kamen vor allem in badezimmerlosen Wohnungen der neunziger Jahre zum Einsatz. Eine solche wollte er bei mir als Personaldusche aufstellen. Auf meinen Einwand hin, dass uns das zweite Stockwerk doch bald gar nicht mehr zur Verfügung stehen würde, teilte er mir mit, dass alle Gastronomen, die er kenne, die Personaldusche nur für die Abnahme zur Konzessionserteilung errichten würden, um sie danach sofort wieder abzubauen. Ähnlich den Behindertentoiletten, die später meist als Lager genutzt würden. Schweren Herzens nahm ich seinen Rat an, und er versprach mir, die Dusche sehr bald zu installieren.

Als ich mich nun mit dem Kontrolleur in den zweiten Stock begebe und den Vorraum der Toiletten betrete – besser gesagt, als wir uns an der Toiletteneingangstür, die sich aufgrund der völlig deplatzierten Duschkabine kaum noch öffnen lässt, vorbeischieben, treffen wir auf Klamotte, der gerade die Installation abgeschlossen hat und sein Werkzeug zusammenpackt.

Klamotte trägt stets einen Armeeoverall, im Sommer mit abgeschnittenen Beinen und Armen. Auf dem Kopf hat er eine Lederkappe, die sich dort zu jeder Jahreszeit befindet.

»Das hier soll also Ihre Personaldusche sein?«

Der Kontrolleur ist gereizt. Wir stehen dicht gedrängt im Vorraum der Toilette um die Duschkabine herum.

»Wat solln dit sonst sein?«, fragt Klamotte noch gereizter als der Kontrolleur zurück.

Ich räuspere mich nervös und denke angestrengt nach, wie ich die Situation entschärfen könnte. Warum habe ich nicht auf meine Eltern gehört und einen meiner Studiengänge zu einem erfolgreichen Ende gebracht?

»Ich bezweifele, dass diese Dusche«, das ›u‹ zieht der Kontrolleur unnötig in die Länge, »überhaupt funktionsfähig ist. Bitte stellen Sie mir das mal unter Beweis.« Der Kontrolleur lehnt sich mit seinem Oberkörper etwas zurück und hebt die Augenbrauen. Er hält ein Klemmbrett mit einem Formular in der Hand.

Ich stehe als Nächster an der Öffnung der Kabine, schaue Klamotte ängstlich an, der mir mit geschlossenen Augen selbstsicher zunickt.

Obwohl ich die Armaturen voll aufdrehe, Warm- und Kaltwasser, tröpfelt nur ein Rinnsal aus dem Duschkopf.

»Tja«, sagt der Kontrolleur triumphierend, »wie ich es bereits vermutet hatte: nicht funktionsfähig.«

»Wieso nich funktionsfähich? Ick seh ne Dusche, und aus der kommt Wasser. Und zwar warmet.« Klamotte nimmt forsch die Hand des Kontrolleurs, in der sich ein Kugelschreiber befindet, und hält sie unter das klägliche Flüsslein. »Wat jenau is nu hier nich funktionsfähich? Dit hier is ne eins a Personaldusche, und nu nehmen Se mal Ihren Griffel und vermerken dit uff Ihrm Zettel. Daaf ja wohl nich wahr sein, imma diese Korinthenkacker vom Amt.«

Der Kontrolleur schaut mich mit großen Augen an. Mir ist die Situation alles andere als angenehm. Ich schaue hilflos mit ebenso großen Augen zurück und versuche dabei aufmunternd zu lächeln. Ich kenne Klamotte noch nicht lange und habe keine Ahnung, was für ihn in einem normalen Handlungsspielraum liegt. Meine Unsicherheit lässt sich wohl nicht verbergen.

Der Kontrolleur blickt abwechselnd mich und Klamotte

an. Die Tür des Vorraumes ließe sich nur öffnen, wenn Klamotte einen Schritt zurückginge.

Für den Mann vom Amt scheint alles Mögliche in einem normalen Handlungsspielraum von Gastrotechnikern zu liegen. Wie ferngesteuert hebt er die noch nasse Hand und macht einen Haken auf seinem Formular. Er holt tief Luft und sagt seufzend zu Klamotte: »Damit ist die Konzession erteilt, sie wird Ihnen in den nächsten Tagen per Post zugehen.«

»Na siehste, jeht doch! War doch ja nich soo schwer, wa? Und weh jetan hat dit ooch nich.« Klamotte schlägt dem Kontrolleur heftig auf die Schulter, der muss seine Körperhaltung korrigieren, um nicht mit dem Gesicht gegen die Duschkabine geklopft zu werden. Die andere Hand hält er mir hin mit den Worten: »Herzlichen Glückwunsch, Herr Gastronom!«

2.

DAS ERBE DER ASCHINGERS

Ich begleite Klamotte bis zu seinem Auto, einem ausrangierten gelben Paketwagen der Post. Er ist sichtlich gut gelaunt. Ich will gerne noch ein wenig in seiner Nähe bleiben.

Der Rosenthaler Platz pulsiert, eine Vielzahl von Passanten geht an den beiden Eingängen des Eckhauses vorbei, manche schauen hinein, sehen aber keinen Anlass, in die große leere Halle mit den riesigen, bis zum Boden reichenden Fenstern einzutreten.

Ich fühle mich erschöpft. Die Anstrengungen der letzten Monate waren groß gewesen. Nachdem ich den Vermieter von meinem Vorhaben überzeugt hatte, musste ich die Bank überreden, mir ein Darlehen zu gewähren. Einen mir bis dahin unbekannten Behördenmarathon zum Erlangen der Konzession zurücklegen, die Baustelle im Griff behalten und versuchen sozial nicht zu vereinsamen.

Mit letzter Kraft schleppte ich mich bis zum Tag der Eröffnung wie bis zum Ende einer Schwangerschaft. Ich hatte nicht glauben wollen, dass der Laden nicht gleich von alleine laufen würde. Ich hatte gehofft, dass nach der Geburt alles einfacher würde.

Am frühen Abend vor der Eröffnung kehrte ich den Bürgersteig vor dem Café. Ich stützte mich mehr auf den Besen, als dass ich ihn bewegte, und versuchte mich bei der Arbeit zu erholen. Der ausklingende Junitag und seine rötliche Sonne halfen mir dabei.

»Hast du die Eröffnung schon wieder verschoben?«

Florian, ein alter Freund aus Kindheitstagen in der Kleinstadtsenke, riss mich aus meiner Besenmeditation. Er lebte als Architekt in München und war eigens für die Eröffnungsfeier angereist.

»Sehr witzig!«

Wir fielen uns in die Arme und klopften uns fest und lang auf den Rücken. Florian ist mittelgroß und blond, früher wurden wir gelegentlich für Brüder gehalten. Heute trägt er sein Haar kurzgeschoren.

»Nein, ernsthaft. Ich habe eben drinnen nach dir gesucht, das sieht nicht nach Eröffnung aus ...«

Im Laden wuselten unzählige Handwerker, handwerklich begabte Sozialkontakte und Fremde herum, es sah tatsächlich nicht so aus, als würden wir morgen eröffnen. Florians Bemerkung entzog mir Kraft, aber wie so oft in den letzten Wochen ging ich darüber hinweg und ließ mich von dem festen Glauben an den zu erwartenden Erfolg tragen.

»Schön, dass du es aus München hierhergeschafft hast. Komm mit rein, ich zeige dir alles.«

Wir betraten das Café. Vieles war schon fertigsaniert und aufgebaut, einiges fehlte noch und sollte in den nächsten Stunden und am folgenden Tag angeliefert und fertiggestellt werden.

»Der Laden ist größer, als ich dachte«, sagte Florian erstaunt. »Eine solche Deckenhöhe ist selten, das sind ja bestimmt fünf Meter. Musstet ihr hier denn viel renovieren?«

Insgesamt hatten die Innenarchitektinnen und ich das Gefühl, dass wir einfach nur der Spur der ehemaligen Gastwirtsbrüder folgen und das alte, mittlerweile total verbaute

Aschinger wieder wachküssen müssten, in zeitgemäßer Gestaltung. Das bedeutete, dass wir die Räumlichkeiten gänzlich entkernen, Wände, Böden und alle Einbauten bis auf die Toiletten herausreißen und alles neu ansetzen mussten. Uns war bewusst, dass das alte Aschingerschiff ein gründliches Lifting und Fettabsaugen benötigte. Die originalen und ästhetischen Elemente hatten Burger King sowieso nicht überlebt, bis auf die Treppe.

»Den zweiten großen Eingang haben allerdings wir geschaffen, den hatten die Aschingers damals nicht«, erklärte ich.

»Welche Aschingers?«

»Das war früher eine Aschinger-Bierquelle. Alfred Döblin und George Grosz sollen hier Stammkunden gewesen sein. Zu den Speisen und selbst zum Bier wurde so viel Brot gereicht, wie man wollte. Das Brot wurde eingesteckt und mitgenommen, die Kellner tolerierten das stillschweigend. Sicherlich einer der Gründe, warum sich die Bohème der zwanziger Jahre hier traf. Und Döblin lässt Franz Biberkopf in *Berlin Alexanderplatz* nach seiner Haft am Rosenthaler Platz aus der Elektrischen steigen und hier im Aschinger auf Mieze warten.«

Wir gingen ein paar Schritte in den Raum hinein. Florian musterte alles mit seinem kritischen Architektenblick.

»Das große Loch hier vorne am Tresen, kommt da noch was rein, oder ist das ein Bohemien-Loch?«

Der Tresen wurde als langes, raumgreifendes Objekt erbaut, da fast alles an und in ihm stattfinden soll. Er erstreckt sich vom neuen Eingang bis zur Kuppel im hinteren Gastraum. Eckige, klobige Grundformen werden durch ein alles überspannendes, geschwungenes beiges Tresenband eingefasst, das den Tresen zeitgemäß, aber nicht übergestaltet erscheinen lässt. Dahinter ist ein offener Raum, mit einer kreisrunden Grundfläche und einer Viertelkugel als Decke: die Kuppel. Sie wurde mit echtem Silberbeschlag, wie man ihn in Kirchen verwendet, ausgekleidet und mutet sakral und orientalisch an. Die Wände sind mit einem sanft türkisfarbenen Stoff bespannt. Unter der Kuppel würde man auf einer großen, kreisrunden Bank sitzen. Die dreibeinigen Couchtische aus den fünfziger Jahren, Fundstücke aus Berliner Trödlerläden, lagerten noch oben im zweiten Stock.

»In dieses Loch wird morgen Abend ganz zum Schluss die Glaskühlvitrine eingesetzt. Die ist das Herzstück des Tresens. Dort werden alle Speisen präsentiert. Es gibt nämlich keinen Service am Tisch, nur Selbstbedienung.«

»In diesem großen Laden willst du keinen Service anbieten? Und die Gäste sollen ihre Kaffeetassen über die Treppe in die Galerie im ersten Stock tragen? Du hast Nerven!«

»Vorher war hier Burger King, übrigens die erste Filiale auf dem Gebiet der ehemaligen DDR. Die hatten doch auch keinen Service.«

»Burger King oder die DDR?«

»Sehr witzig!« Ich deutete auf die Wand gegenüber dem Tresen. Zu Burger-King-Zeiten gab es sie nicht, denn dahinter, im Nachbarhaus, befanden sich der Tresen und die Küche. Hier sind jetzt Bänke in Hüfthöhe angebracht. »Morgen kommen noch vier hohe, massive Tische, die mit der langen Wand ein Gegengewicht zum Tresen bilden werden. Schwarze Vierkant-Stahlgestelle mit sehr dicken Tischplatten, die vom Schreiner mit einer Sechziger-Jahre-Küchentischoberfläche bezogen wurden. Eierschalenfarben. Könnte sogar dir gefallen.«

»Jetzt fängt es an zu kribbeln. Irgendwann will ich auch mal ein Café eröffnen.«

»Glaube mir, das sieht einfacher aus, als es ist. Wenn ich

gewusst hätte, welche Forderungen die Ämter an einen Gastronomen stellen, dann hätte ich mich wahrscheinlich gar nicht getraut, die Sache anzugehen. Wir haben eine Küchenabluftanlage bauen müssen, die einen großen Lüftungskanal bis zum Dach hat. Dort oben sitzt der Motor. Für den forderte das Bauamt ein Schallschutzgutachten. Wir sind hier allerdings direkt am Rosenthaler Platz, und das ist eine der lautesten Straßenkreuzungen Berlins. Ich glaube nicht, dass es irgendeine Lüftungsanlage gibt, die gegen diesen Straßenlärm ankommt. Trotzdem, das Gutachten musste erstellt werden, keine Diskussion. Ungeplante Kosten inklusive. Überhaupt ist die Sanierung viel teurer geworden als gedacht. Das Darlehen ist längst aufgebraucht.«

Florian versuchte mich zu beruhigen. Dass die realen Baukosten die geplanten Kosten überstiegen, sei Alltag in der Baubranche. An meiner finanziellen Situation änderte das nichts.

Egal, wo ich mich mit Florian befand, wir standen immer jemandem im Weg, alle waren nervös und angespannt.

»Du kannst dir nicht vorstellen, wie sehr ich mich auf den Moment morgen Abend freue, wenn alle Handwerker draußen und dafür alle Möbel drin sind. Für jede Ecke haben wir unterschiedliche Sitzmöglichkeiten geplant. Gebrauchte Fundstücke, von Sesseln über alte Holztische bis zu großen Packtischen aus einer alten Lagerhalle. Aber die wichtigen funktionalen Elemente sind neu gestaltet worden. Insgesamt eine ungewohnte Kombination, du wirst es morgen ja sehen. Wenigstens wird in der Küche schon gekocht, und die Kaffeemaschine läuft bereits.«

»Nun denn«, Florian krempelte die Ärmel seines Hemdes hoch, »ich glaube nicht, dass wir heute Nacht viel Schlaf bekommen. Da kann ein Kaffee zu später Stunde nicht schaden.«

Die Eröffnungsfeier am nächsten Tag glückte, wenn auch mit einigen Abstrichen und Opfern. Sie war kurz, aber rauschend.

Bald nach der Eröffnung hatte sich Florians Frau von ihm getrennt und war mit den beiden gemeinsamen Kindern zu ihrem neuen Freund gezogen. Ich hatte mich schon gewundert, dass sie ihn nicht nach Berlin zur Eröffnungsfeier begleitet hatte. Ein bisschen Abstand würde ihnen mal guttun, hatte Florian meine Verwunderung beiseitegewischt. Wäre ich damals nicht so beschäftigt gewesen, hätte ich vielleicht nachgehakt. Florian blieb nur Dörte, eine alte, klapprige Mischlingshündin, mit der er kurzentschlossen nach Berlin zog, um einen Neuanfang zu wagen.

Das Klappern des Werkzeuges, das Klamotte in sein altes Postauto sortiert, holt mich zurück an den Rosenthaler Platz. Erschöpft schaue ich Klamotte zu und freue mich über die Konzessionserteilung, an der fast alle Ämter dieses Bezirkes beteiligt waren. Die Dusche lassen wir noch kurz stehen, in den nächsten Tagen werden wir sie abbauen. Ein großes Problem weniger, aber es bleiben noch ausreichend Probleme übrig.

Am Monatsanfang werden Miete und Darlehensrate fällig. Ich habe keine Ahnung, wovon ich das bezahlen soll, es sei denn, das Café erfährt in den nächsten Tagen eine Umsatzsteigerung von dreitausend Prozent. Jeden Tag entstehen automatisch Kosten, selbst wenn ich den Laden wieder schließen würde. Ein bedrückender Effekt, den ich aus dem Projektgeschäft der Agentur nicht kannte.

Vielleicht bin ich doch kein Gastronom. Ich wollte raus aus dem Projektgeschäft. Ich wollte nicht mehr abhängig sein von wenigen großen, zumeist anstrengenden Kunden und deren Aufträgen. Nicht mehr verhandeln müssen über

Honorare und Produktionskosten. Nicht mehr zusehen müssen, wie immer die zweitbeste Lösung ausgewählt wird. Und ich wollte raus aus dem Projektgeschäft meiner Freunde und Bekannten. Alles wird zum Projekt, und jeder steckt gerade in einem: Nullnummern von Zeitschriften zusammenbauen, Bands gründen, Kunstaktionen aller Art, aber auch Liebesbeziehungen, das Gründen von Wohngemeinschaften. Sogar die Nachwuchsplanung ist zum Projekt geworden.

Seit meiner Kindheit war ich leidenschaftlicher Gast. Schon früh nahm ich mir vor, mit fünfzig ein Restaurant zu eröffnen. Seit mich das leere Haus am Rosenthaler Platz geküsst hat, ließ mich die Idee nicht mehr los: Viele kleine Kunden ohne Projekte, von denen ich unabhängig bin. Wem der Kaffee zu teuer ist, der kann woanders hingehen. Ich muss nicht Preise verhandeln oder nach Abschluss des Auftrages Abzüge hinnehmen, um den Kunden nicht zu verlieren. Und ich könnte mich viel besser aus dem operativen Tagesgeschäft heraushalten. So hoffte ich.

Mit Hilfe meines abgebrochenen Philosophie-, Physik- und Mathematikstudiums und meiner Erfahrung aus der Werbebranche wollte ich die Gastronomie ganz neu denken. Insgeheim hatte ich über die Kollegen in anderen Etablissements gelächelt. Stoffhandtücher wollte ich nutzen, auch wenn ich keine Edelgastronomie betreiben würde, flache Hierarchien einführen, selbstverantwortliche Gestaltungsspielräume für meine Mitarbeiter und für meine Gäste anbieten. Deshalb auch trotz der Größe des Cafés ein Selbstbedienungskonzept – Selbstbestimmung des Gastes.

Klamotte schließt krachend die Schiebetür seines Postautos.

»Klamotte, hast du noch einen Moment Zeit für mich?«

»Logisch hab ick Zeit für dich, schließlich blechste ja ooch dafür.«

Wir überqueren die Kreuzung und stellen uns auf die andere Seite des Platzes, direkt gegenüber der ehemaligen Aschinger-Bierquelle.

»Was siehst du, wenn du auf dieses schöne Haus schaust?«, frage ich Klamotte.

Auf den ersten Blick ist das Eckgebäude keine Schönheit, aber ungewöhnlich. Vor dem Zweiten Weltkrieg war es sicherlich das auffälligste Haus am Platz. Auf jeder Etage sind die Balkone und Fenster anders angeordnet. Die Fenster im oberen Stockwerk laufen spitz nach oben zu, sie könnten problemlos in einer Moschee verbaut werden. Damals besaß die Fassade überbordende Stuckarbeiten, auf der Ecke ein kleines Türmchen. Auf dem Dach neben dem Türmchen befand sich ein Glasaufsatz, in dem ein Fotoatelier betrieben wurde. Heute fehlen sämtliche Stuckverzierungen, das Türmchen und das Fotoatelier, aber die ungewöhnliche Rhythmik der Fassade ist noch zu spüren.

Die Außenwände des gesamten Erdgeschosses waren ursprünglich mit weiß-blauen Rauten geschmückt. Die Gebrüder Aschinger kamen aus dem Württembergischen und brachten ein neues Bierkonzept mit nach Berlin. Sie waren die Ersten, die mehrere Biersorten in einer Lokalität anboten. Die Aschingers waren erfolgreiche Gastronomen, die Bierquelle hier am Rosenthaler Platz war bereits ihr neuntes Lokal.

Wie könnte ich an den alten Erfolg anknüpfen? Wie ließe sich diese prominente, gut sichtbare Fassade nutzen, damit die Menschen magisch angezogen würden – wie vor über hundert Jahren vom bayrischen Rautenmuster? Wie könnte ich Franz Biberkopf überzeugen, den Platz zu überqueren, um beim Bier in meiner Kneipe auf Mieze zu warten?

Vor einem vorbeiziehenden Passanten auf die Knie gehen, ihn anbetteln, er möge doch auf einen Kaffee eintreten, gerne auch auf Kosten des Hauses, schießt mir durch den Kopf. Den Passanten niederschlagen, hineinschleifen, am Tresen anbinden und mit einer Magensonde die gesamte Speisekarte konsumieren lassen, diesmal nicht auf Kosten des Hauses, wäre eine andere Idee.

»Ick sehe, die Lüftungsfirma hat endlich die Überdachung uff den Abluftkanal uff dem Dach installiert. Da hatten wa echt Glück, bis jetz keen nennenswerten Rejen jehabt.«

Die letzte Rechnung der Lüftungsfirma ist noch nicht beglichen worden. Nichts senkt die Arbeitsgeschwindigkeit von Handwerkern so sehr wie offene Rechnungen.

»Und wenn du ein wenig weiter unten schaust, ungefähr Erdgeschoss und erstes Stockwerk?«

Klamotte sieht mich traurig an.

»Ich frage mich, warum keiner von all diesen Menschen hier hineingeht. Der Platz ist voll wie ein Ei!«

»Na ja, ick sehe irjendwie dit x-te Berlin-Mitte-Café. An der Lage kann dit ja wohl nich liegen! Früher ham wa hier halbe Broiler jehabt. Die ham se ausm Küchenfenster raus vakooft. Aber dit wird dir nu ooch nich weitahelfen. Du bist doch hier der Wessi, du musst doch wissen, wat zu tun is. Schmück die Braut. Mach wat Wessimäßijet!« Er schiebt sich die Mütze zurecht, kratzt sich an der Stirn und nutzt die Grünphase der Fußgängerampel, um zu seinem Paketwagen zurückzukehren.

Dort, wo sich das bayerische Rautenmuster befunden hatte, hängen nun schwarze Tafeln. Auf denen steht »Kaffee – auch zum Mitnehmen, Sandwiches, Suppen, Kuchen«, mit bunter Kreide handgeschrieben. Das sieht mehr nach Bioladen als nach Café der Boheme der zwanziger Jahre aus. Tausende Menschen sehen diese Tafeln tagtäglich und werden nicht davon angezogen. Hier muss ein Bruch her, etwas Ungewöhnliches! Etwas, das Döblin im *Alexander-*

platz erwähnt hätte, so wie er die ewigen Baustellen am Platz erwähnte, die bis heute dem ungeschriebenen Gesetz folgen: Eine Baustelle pro Jahr ist Pflicht am Rosenthaler. Die normalen Gastroinformationen müssen runter von den Tafeln, und etwas Neues muss rauf. Etwas, das selbst in Berlin-Mitte für Aufsehen sorgt. Franz Biberkopf ist hier mehrmals untergegangen, und Burger King hat es nicht geschafft. Diesen Fluch werde ich auflösen. Ich fühle mich dem Erbe des Hauses verpflichtet, als schuldete ich ihm etwas, als schuldete ich dem Rosenthaler Platz etwas. Wie eine Schuld aus einem alten Leben.

Ich will mich in mein Büro in der Lüftungskammer zurückziehen und brainstormen, als ich einen Fuchs sehe, der in aller Seelenruhe den Rosenthaler Platz im dichtesten Verkehr überquert und dabei selbstverloren mit dem Kopf nickt. Vorbeirasende Autos lassen ihn ab und zu aus meinem Blickfeld verschwinden. Jedes Mal habe ich Angst, dass er überfahren werden könnte. Aber ein heiliger Schutz scheint ihn wie selbstverständlich zu behüten.

Im Café ist die Musik viel zu laut, vor allem im Verhältnis zur Gästezahl. Ein Gast vorne am Tresen wartet darauf, bedient zu werden. Milena steht am anderen Ende und unterhält sich angeregt mit Shanti. Dabei poliert sie Gläser, was aber gar nicht nötig wäre, da die Gläser ungenutzt und bereits poliert sind. Dass Shanti und Milena sich unterhalten, ist für mich eine kleine Erlösung, da die ersten Tage ihrer Zusammenarbeit von gewissen Spannungen geprägt waren. Sie trugen keine offenen Streitigkeiten aus, man spürte eine nicht greifbare Antipathie. Zu unterschiedlich sind ihre Charakter, Feuer und Wasser. Ich bin aber überzeugt, dass sie sich als Gegensätze um die gleiche Mitte drehen, ich dies nur geschickt moderieren muss. Den zarten Keim der

Teambildung will ich deshalb nicht ersticken, und ein wenig Erfahrung am Gast zu sammeln ist sicherlich nicht das Schlechteste für mich. Geschwind springe ich selbst hinter den Tresen und drehe die Musik leiser.

»Womit darf ich dienen?«, rufe ich freudig, dabei falte ich die Hände vor der Brust und erwarte lächelnd die Bestellung. Der Gast trägt einen billigen grauen Anzug und hält eine schwarze Ledermappe in der Hand. Lange und ausführlich betrachtet er die Speisekarte, die in Form von großen Tafeln an der Wand hängt, er ist offenbar nicht schlüssig, was er konsumieren will. Ein anspruchsvoller Gast, er trägt einen Anzug, jemand, der seine Wahl im Leben gewissenhaft und gründlich trifft.

Nach einer kleinen Ewigkeit, in der ich mein professionelles Gastrolächeln nicht aufgebe, sagt er in einem nicht gerade freundlichen Ton: »Ist der Chef zu sprechen?«

Meine Hände entfalten sich, fallen schlaff zu beiden Seiten meines Körpers herunter. Ich drehe mich zu Milena und Shanti um, die den Gast nun auch bemerken und mich mitleidig ansehen.

»Nein, leider nicht. Er ist heute nicht im Hause«, sage ich zögerlich.

»Das ist sehr schade, ich wollte ihm nämlich wertvolle Tipps zu seinem Getränkesortiment geben.«

»Was wären das denn für Tipps gewesen?« Diese Frage kann ich nicht unterdrücken, bereue aber sogleich, sie ausgesprochen zu haben.

»Ich komme vom weltweit größten Erfrischungsgetränkehersteller, ich komme von BIEP. Ich gratuliere Ihrem Chef zu der Eröffnung des Cafés, das ist wirklich schön geworden. Richten Sie ihm bitte etwas aus? Ich habe intensiv Ihre Speisekarte studiert. Sehr kreativ und ungewöhnlich. Da ist ja fast alles dabei, einmal quer durch die internationale Küche.

Aber fragen Sie Ihren Chef mal, warum er keinerlei Produkte von uns aufgelistet hat. Vor allem nicht unsere Kola, sondern eine andere Kola. Es könnte ja sein, dass er uns einfach in dem ganzen Stress, den so eine Gastrogründung mit sich bringt, vergessen hat?«

Stimmt, ja! In dem ganzen Stress habe ich die wirklich total vergessen. Gut, dass Sie mich daran erinnern, manchmal sieht man ja den Wald vor lauter Bäumen nicht. Klar, Ihre Kola fehlt, wie kann ich sie am einfachsten beziehen? Ich habe ja auch nicht jedes Produkt durchdacht und gekostet und Wochen und Monate in das Speisen- und Getränkesortiment gesteckt, ich habe vor allem die Getränkekarte einfach nur schnell mal so runtergeschrieben, ohne nachzudenken. Und ich habe zum Glück ja auch gerade keine anderen Sorgen als diese hier!

»Vielen Dank für das Kompliment! Das werde ich dem Chef ausrichten, da wird er sich freuen, vor allem weil es von Ihnen kommt. Ihre Verwunderung über unser Getränkesortiment kann ich voll und ganz verstehen. Auch ich habe ihm immer wieder gesagt, er soll doch die Standardkola mit reinnehmen, rausschmeißen kann er sie ja immer noch. Aber er will hier unbedingt Neuland betreten und kleine regionale Marken verkaufen. Ihre Kola ist ein tolles Produkt. Bitte nehmen Sie das nicht persönlich«, sage ich.

Das ist für ihn absolut unverständlich, und persönlich nimmt er es auch.

»Sie haben offenkundig mehr Geschäftssinn als Ihr Chef«, raunt er mir leicht vorgebeugt zu. »Hier haben Sie meine Karte. Eine für Sie und eine für Ihren Chef. Er kann mich jederzeit anrufen. Und Sie natürlich auch!«

Vor dieser Begegnung hatte ich bereits ein Ahnung davon, wie die große Macht der Konzerne entstanden sein könnte, die mir nun vollumfänglich bestätigt wurde. Doch jetzt erst verstehe ich die Welt der Waren und Marken gänzlich, dieser Soldat hat mir die Augen geöffnet. Ich ahne, dass ich ihm nicht zum letzten Mal begegnet bin.

3.

DAS LEBEN IST KEIN PONYHOF

Mein Mobiltelefon klingelt, das Display zeigt die Festnetznummer des Cafés. Die Lüftungsmotoren dröhnen. Ich sitze an meinem kleinen Schreibtisch und denke intensiv nach, wie ich Gäste anlocken könnte. Aus den Kernphysikvorlesungen ist mir das Gesetz der kritischen Masse bekannt, es lässt sich auf die Gastronomie übertragen: Befindet sich niemand im Gastraum, wird auch niemand hinzukommen. Ist der Gastraum aber bereits gut gefüllt, werden auch viele weitere Gäste dazustoßen. Irgendwie muss ich den Gastraum mit Menschen befüllen, damit das Gesetz positiv zu wirken beginnt.

Bei dem Anrufer kann es sich nur um Milena handeln, die gerade unten im Tresen als Frühschicht arbeitet. Bevor ich mich in Milenas Welt begebe, das Tor zu Problem-City aufstoße, indem ich die grüne Taste meines Telefons drücke, rette ich meinen Gedankengang. Ich könnte günstige, täglich wechselnde Mittagsgerichte anbieten, Wochenkarten vervielfältigen und verteilen. Man verdient nichts am Mittagstisch, aber es füllt den Laden.

»Ja?«, frage ich in mein Mobiltelefon.

»Hallo, ich bin es, Milena. Es gibt ein Problem. Eine Kabine auf der Herrentoilette ist seit einiger Zeit verschlossen.«

»Da haben wir wohl einen Gast!«, antworte ich erfreut. »Womöglich ist ihm auf der Toilette etwas zugestoßen. Dieser

Sache sollten wir auf den Grund gehen. Aber warum hast du mir das eigentlich nicht mitgeteilt, als du von den Toiletten wieder herunter- und an meinem Büro vorbeigegangen bist?«

»Trinkgeld kann er dort jedenfalls nicht geben.« Sie ignoriert meine Frage und legt auf.

Kurz nach dem Besuch des Handelssoldaten hat Klamotte die Tafeln neu geschmückt. Seit einer Woche hängen sie nun an der Hauswand. Sie tragen Sinnsprüche, die alle mit einem Tier zu tun haben.

Dazu wird jeweils das passende Lebewesen abgebildet, stilisiert und einfarbig. Damit ist ein maximaler Bruch mit den Erwartungshaltungen erzeugt. Niemand kann auch nur erahnen, dass diese Tafeln irgendetwas mit Gastronomie zu tun haben. Die Menschen bei einem ihrer Urtriebe, der Neugierde, packen und damit anlocken. Das ist wessimäßig.

Von Unverständnis gebeutelt, schüttelte Klamotte nahezu ununterbrochen den Kopf, während er die Tafeln anbrachte. Das wertete ich als gutes Zeichen.

Das Café hat seitdem tatsächlich mehr und mehr Gäste. Ganz zart noch ist der Gästestrom, aber er ist vorhanden. Ob die wachsende Anzahl der Kunden tatsächlich von den Tafeln generiert wird oder einfach nur dem Zeitfaktor geschuldet ist, dessen Hebeln jeder gastronomische Betrieb in halbwegs guter Lage nach der Eröffnung unterliegt, vermag ich nicht zu sagen. Sie lässt den Laden zumindest nicht mehr als noch nicht eröffnet, sondern eher als eröffnet, aber schlecht laufend erscheinen. Selten befinden sich unter den wenigen Gästen ganz klassische Cafébesucher. Vielleicht liegt das an den Tafeln, vielleicht am Rosenthaler Platz. Oder an beidem.

DAS
LEBEN
IST
KEIN
PONY
HOF

VERTEILE
DAS FELL
DES BÄREN
NICHT
BEVOR
ER
ERLEGT
IST

NICHT
JEDE
KUH
LÄSST
SICH
MELKEN

LEGE
NICHT
ALLE
EIER
IN
EINEN
KORB

Ich hoffe nun, einen Gast aus einer Notlage auf der Toilette befreien zu können, um damit eine Verbindlichkeit herzustellen, die in einer treuen Stammgastbeziehung münden wird. Der gerettete Gast würde von seiner Rettung in der Welt erzählen, eine bessere Marketingstrategie gibt es nicht. Ein kostenloses Testimonial!

Als ich an den Toiletten ankomme, sind alle Kabinen geöffnet. Ich habe die Chance verpasst. Sämtliche Kabinen sind sauber und aufgeräumt, nur in einer liegen Aluminiumfolie, ein Löffel und eine Spritze auf dem Boden. Während mein Instinkt mir längst sagt, was hier geschehen ist, versucht mein Verstand die Utensilien in normalverträgliche Muster zu pressen: Ein an Diabetes erkrankter Gast hat auf der Toilette ein Brot gegessen und dabei Kaffee getrunken.

Ich gehe hinab, um Milena das Ergebnis meiner Überprüfung mitzuteilen. Unten im Gastraum befinden sich Gäste, vor einem großen Anteil steht ein aufgeklappter tragbarer Computer. Sie scheinen zu arbeiten. Ich habe immer gemeint, dass mit dem Konzept des Cafés auch die Agentur- und Medienszene rund um den Rosenthaler Platz angesprochen werden sollte, die ihre Projekte hier besprechen würden. Wie die Aschingers das Brot, stelle ich den Gästen drahtloses Internet und Stromversorgung kostenlos zur Verfügung. Das macht kein anderer Gastronom in Berlin. Vielleicht aus gutem Grund, denke ich mir mittlerweile. Während der Renovierung fragte der Elektriker mehrmals nach, ob ich mir sicher sei, im Gastraum im Abstand weniger Meter jeweils eine Steckdose setzen zu wollen. Als ich ihm erklärte, dass die Steckdosen für tragbare Computer seien, deren Akkus aufgeladen werden müssten, fragte er ungläubig nach, ob ich ein Büro oder ein Café eröffnen wolle.

Fred schiebt den General durch den Eckeingang in den Gastraum. Der General – Fred spricht diese Bezeichnung Englisch aus, ich hingegen bevorzuge die deutsche Sprechweise. Der General ist ein Obdachloser, der in einem handbetriebenen Rollstuhl ohne jedes Extra sitzt, ein neueres Modell in gutem Zustand. Er ist vielleicht Mitte fünfzig, eher aber jünger, er hat einen extremen Rundrücken, so dass sein Oberkörper auf dem Weg zwischen Becken und Hals fast eine Neunzig-Grad-Kurve beschreibt. Der Kopf des Generals hängt deshalb nach unten. Um seine Umwelt visuell zu erfassen, dreht er ihn nach links oder rechts, der Blick direkt nach vorne ist schwer für ihn zu erlangen. Immer hat er ein Zigarillo im Mundwinkel, meist angeraucht, aber nicht angezündet.

Fred ist der beste Freund des Generals. Aber auch sein Betreuer. Meistens betreten sie gemeinsam das Café, Fred schiebt den General in seinem Rollstuhl hinein, er kümmert sich um alles. Fred ist ebenso obdachlos wie der General, er ist etwas größer als einen Meter siebzig, trägt einen grauen, schweren Mantel und pantoffelartige Schuhe, mit denen er schlappend geht, als ob die Schuhe ihm von den Füßen fliegen könnten, wenn sie den Kontakt zum Boden verlören. Er hat tiefschwarzes, halblanges Haar, das immer einigermaßen gepflegt ist und an den Seiten vom Kopf absteht. Mit seinem struppigen Bart sieht er aus wie ein mittelalterlicher Mönch.

Die beiden kommen mehrmals täglich in das Café, um die Berliner Obdachlosenzeitung *Motz* zu verkaufen. Der General hat stets einen kleinen Stapel auf seinem Schoß liegen. An diesem Vormittag sind sie bereits zum dritten Mal hier, auch sie haben bemerkt, dass sich mittlerweile Gäste einfinden. Aber gerade jetzt, durch die Anwesenheit von Gästen, wird mir klar, dass die beiden viel zu oft zu Besuch kommen.

»Na, wie geht's euch?« Ich beuge mich nach unten, um dem General ins Gesicht zu schauen. Er quittiert meine Geste mit leichtem Kopfheben, kurzem Blick und heiserem Lachen, seine Wangen sind eingefallen.

»Na ja, ganz ok. Wird ja nun immer kälter, und wir haben ja keene Bleibe«, antwortete Fred. Den General habe ich außer seinem Zeitungsverkäuferspruch noch nie ein Wort sagen hören.

»Gibt es denn für den Winter nicht diese Notunterkünfte der Arbeiterwohlfahrt?«

»Ach, wir finden schon immer irjendwat für die Nacht, tagsüber is eher ein Problem. Orte, an denen man sich mal kurz aufwärmen kann, so wie hier.«

»Das ist ein gutes Stichwort«, hake ich ein. »Eigentlich geht es nicht, dass ihr dauernd hierher betteln kommt.«

Ich mag die beiden, und ich empfinde Mitleid, aber ich habe auch Angst, die wenigen Gäste zu vergraulen.

»Nee, Chef, komm, dit kannste uns nich antun!« Fred ist jetzt hellwach und tritt auf mich zu, er riecht nach ungewaschenem Haar und billigem Alkohol. »Wir betteln doch nicht, wir verkaufen die selbstverlegte Obdachlosenzeitschrift, dis ist ein Riesenunterschied!«

Der General wippt heftig nickend, sein Rollstuhl bewegt sich dabei rhythmisch ein wenig nach vorn und hinten.

»Dis is eine Art Service für deine Gäste. Ein Mehrwert, oder wie das heißt.«

Vielleicht kann man einen Kompromiss finden. Vielleicht muss ich auch hier die Konventionen sprengen, so wie ich es bei dem Inhalt der Tafeln getan habe. Vielleicht würden die Menschen in der Stadt sagen: Endlich mal ein Gastronom mit Herz. Einer, der auch die Armen hineinlässt und das Thema nicht unter den Tisch kehrt.

Außerdem kann mit Hilfe der beiden die Gesetzmäßigkeit der kritischen Masse zu meinem Vorteil gewendet werden. Sie lassen das Café belebter und voller aussehen.

»Nun gut.« Ich atme tief ein und blase die Luft geräuschvoll wieder aus. Ich weiß nicht, ob schon mal jemand versucht hat, mit dieser Bevölkerungsschicht echte Regeln auszuhandeln, so wie ich das jetzt tue. Mit Hilfe von klaren Absprachen würden auch diese Menschen sich in einem Café aufhalten können, in Symbiose mit den regulären Gästen.

Trotz eines unguten Bauchgefühls schlage ich vor: »Dann müssen wir aber eine Abmachung treffen. Ihr könnt nicht mehrmals täglich hier einmarschieren, sondern nur einmal morgens und einmal nachmittags.«

»Ja, das ist eine super Idee!« Fred freut sich, der General wippt.

»Dann gilt diese Regel ab sofort. Und Fred, bitte nicht den General alleine kommen lassen. Neulich ist er im Gastraum eingeschlafen, und ich musste ihn schlafend auf den Platz hinausschieben, habe ihn einfach nicht wach bekommen. Außerdem hat er geschnarcht wie ein Rhinozeros.«

»Aber klar doch. Is überhaupt kein Problem. Wird jemacht, Chef, finden wir escht super«, sagt Fred überschwänglich. Der General kann sich in seinem Wippen gar nicht mehr beruhigen. »Das heißt aber auch, dass wir heute Nachmittag noch mal kommen dürfen! Korrekt, Chef?«

Ich nicke lächelnd und halte ihnen die Tür auf, erleichtert, auf Verständnis getroffen und einen guten Kompromiss gefunden zu haben.

Fred schiebt den General bis zur Ecke, bis an die große Laterne, die täglich wechselnde Plakate der Wildplakatierer trägt. Die beiden sind dankbar. Fred fällt noch etwas ein, er lässt den General an der Laterne stehen und kommt zu mir zurück. Er muss mir etwas Wichtiges sagen, er winkt mich heran, ich drehe ihm mein Ohr zu.

»Chef«, flüstert er, »nich vajessen: Es jibt keene schlechten Abenteuer, nur schlechte Abenteurer.«

Er lacht mich wohlwollend an, hebt den Zeigefinger, kehrt nickend zum General zurück, der auf die Information zu warten scheint, ob die Mitteilung erfolgreich überbracht wurde. Als wäre diese Aussage ein Dankeschön, ein Geschenk für mein Entgegenkommen. Die beiden überqueren die Kreuzung.

Der Rosenthaler Platz ist ein merkwürdiger Ort in Berlin. Obwohl er zentral liegt und die Verkehrsanbindung überragend ist, hat man nicht das Gefühl, dass es sich um einen Platz handelt. Früher hat sich ein Stadttor in seiner Mitte befunden, das Rosenthaler Tor. Bis ins neunzehnte Jahrhundert hinein der einzige Eingang, durch den Juden Berlin betreten durften. Nun fehlt dem Platz eine Mitte, nicht einmal eine Verkehrsinsel deutet sie an. Straßenbahnschienen zerfurchen ihn in fast jede Richtung. Überspannt ist er von einem dichten Netz aus Oberleitungen, die an den jeweiligen Eckhäusern befestigt sind. Es verbindet die Häuser auf gespenstische Weise miteinander und erzeugt eine Art Baldachin über dem Platz. Drei große Laternen, fast so hoch wie die Häuser selbst, errichtet zu DDR-Zeiten, die oben in zwei riesigen Leuchtkörpern enden, durchstoßen den Baldachin.

Der Rosenthaler Platz ist die zentrale Verbindung zwischen Mitte, Prenzlauer Berg und Wedding. Aber die Passanten verweilen nicht, sondern durchqueren diesen Ort nur. Der Platz mit seinen angrenzenden Magistralen ist reine Bewegung. Automobile, Lastkraftwagen, Fahrräder, Straßenbahnen, Menschen.

Berlin ist eine launige, schrullige Diva, deren uralte, tiefe Schönheit nicht für jedermann zugänglich ist und oft nur auf den zweiten Blick verstanden werden kann. Der Rosenthaler Platz ist eine Brosche, die ihr gut steht. Ein Juwelier würde sie nicht unbedingt in sein Schaufenster legen.

Ich wende mich ab und betrete das Café. Am Tresen empfängt mich Milena, offensichtlich hat sie etwas auf dem Herzen.

»Wenn du schon mal dabei bist, Hausverbote zu erteilen, hätte ich da auch noch einen Kandidaten für dich.«

Milena besitzt ein für mich schwer zu durchschauendes Wertesystem, das bisweilen für eine gewisse Dramatik sorgt – im Hauptberuf ist sie Schauspielerin.

»Wir haben einen neuen Stammgast, einer, der auch immer nur mit Laptop dasitzt. Der bleibt ewig hier bei mir am Tresen stehen und versucht mich in Gespräche zu verwickeln, vor allem macht er ständig anzügliche Bemerkungen, und das mit so einem schmierigen amerikanischen Akzent. Ich komme mir dann immer vor wie in einer dieser ganz billigen Fernsehproduktionen. Den jedenfalls kannst du auch rausschmeißen.«

Es ist nicht immer leicht mit Schauspielern.

»Um ein Hausverbot auszusprechen, müssen schwerwiegende Dinge vorfallen. Hat er denn versucht, dich anzufassen, oder ist er verbal deutlich unter die Gürtellinie gegangen?«

»Nein, eben nicht, und er kauft auch immer viel und gibt hohes Trinkgeld. Aber all das ist eben Teil seiner schmierigen Anmache.«

»Wie du dir vielleicht denken kannst, bin ich im Moment dankbar für jeden echten Gast. Ich kann nicht die Wenigen, die ordentlich konsumieren und nicht stundenlang an einem Kaffee sitzen, gleich rausschmeißen, weil du dich davon angemacht fühlst. Es gehört zum professionellen Kellnern dazu, auch schwierige Gäste zu bedienen.«

»Du verstehst mich nicht. Du solltest ihn einfach mal selber bedienen, der Typ ist gruselig.«

Das ist typisch für Milena. Ich kann weder sauber dagegenargumentieren und die Sache aus dem Weg räumen noch

Verständnis für sie aufbringen, daher nehme ich ihren Vorschlag an und will der Sache auf den Grund gehen. Ich bitte Milena, sich unserem neuen Stammgast gegenüber bis dahin professionell und sachlich zu verhalten.

Sorgt meine Unternehmensphilosophie dafür, dass alle Außenseiter und Freaks, die kein halbwegs vernünftig denkender Gastronom in seinen Räumen dulden würde, sich nun in meinem Café versammeln? Die wenigen Gäste, die uns besuchen, sind fast allesamt merkwürdig und abstoßend. Ein großer Teil erzeugt keinen echten Umsatz. Die laufenden Geschäftskosten lassen sich so nicht decken, geschweige denn meine privaten Lebenshaltungskosten. Auf dem Konto ist noch ein kleiner Liquiditätspuffer vorhanden, doch wenn ich alle Verbindlichkeiten begleichen würde, die heute fällig sind, wäre dieser Puffer verbraucht.

In der Hoffnung, keine neuen Waren bestellen zu müssen, gehe ich in die Küche. Ich will kontrollieren, ob etwas eingekauft werden muss.

Shanti bereitet in einem sehr großen Topf eine Suppe zu. Berliner Kartoffelsuppe mit Speck.

Shanti Nagar ist Inder. Während der Arbeit trägt er klassische Kochkleidung, weißes Hemd mit zwei Knopfleisten und eine schwarz-weiß karierte Hose. Sonst liebt er weite T-Shirts im Batiklook mit Abbildungen indischer Gottheiten. Die tiefschwarzen Haare im Bürstenschnitt, Flat-Top, ein Standardschnitt der amerikanischen Armee. Freundliche, wache dunkle Augen in einem weichen Gesicht.

»Shanti, du weißt ja«, ermahne ich ihn, »dass nicht in jedes Gericht Kreuzkümmel gehört.«

Seine Eltern hatten als Gastarbeiter in der DDR kurz vor der Wende die deutsche Staatsbürgerschaft erhalten. Shanti war damals noch ein Kind. Er spricht akzentfrei Deutsch, und er ist schwul. Aber nur in der Hose, wie er selber betont.

Verschämt stellt er die Gewürzdose mit dem Kreuzkümmel wieder in das Regal.

»Auch nicht einen klitzekleinen Hauch? Es fällt mir schwer, ihn wegzulassen.«

»Aber es gelingt dir immer besser. Und deinen Wurstgulasch darfst du ja weiterhin mit Kreuzkümmel abschmecken. Dafür, dass es das einzige Gericht war, das du zubereiten konntest, als du hier anfingst, haben sich deine Kochkünste in den letzten Wochen doch richtig gut entwickelt.«

Die Mitarbeitersuche war nicht einfach gewesen. Ich benötigte ein knappes Dutzend Helfer. In den Stadtmagazinen hatte ich Kleinanzeigen geschaltet, es meldeten sich viele Bewerber. Probetage konnte ich nicht abhalten, da das Café noch geschlossen war. Ich musste mich auf die Referenzen und meine Intuition verlassen. Vor allem die Fähigkeit, freundlich zu den Gästen zu sein, ließ sich schwer überprüfen. Ich wollte in keinem Fall den in Berlin weit verbreiteten »Ich bin kein Kellner, sondern mache eigentlich etwas anderes, und du bist zu uncool für diesen Laden«-Typus hinter meinem Tresen haben. Aber auch keine gesichtslosen Gastromaschinen.

Für den Service war die Auswahl schon schwer zu treffen, Stress und Intuition sind keine Freunde. Für die Küche war es ungleich schwieriger. Einer der eher vielversprechenden Bewerber fragte mich als Erstes, wie ich es mit Pausen und Krankmeldungen halten würde.

Ich merkte schnell, dass ich Abstriche von meiner Idealvorstellung eines Koches machen musste. Zudem waren die meisten Bewerber nicht bereit, sich auf das eigenwillige Speisenkonzept einzulassen. Am Ende blieb als Kompromiss eine unsymphatische Köchin übrig, die ich zu dem Job überreden konnte. Sie brachte Shanti als Beikoch mit, den ich gleich liebgewonnen hatte. Sie selber bekam schnell große Probleme mit den flachen Hierarchien und mit dem Speisenkonzept. Sie weigerte sich, neben ein Focaccia mit Ziegenkäse, Birnen und Honig eine Bulette mit Kartoffelsalat in die Auslage der gläsernen Kühlvitrine zu legen.

Nur wenige Tage nach der Eröffnung kündigte sie. Von Shanti verlangte sie, es ihr gleichzutun, aber er fühlte sich wohl bei uns, und ich beförderte ihn zum Koch. Beleidigt ließ die Köchin ihn zurück und stahl ihm zum Abschied seine gerade begonnene Rezeptsammlung. Trotzdem kochte er sich erstaunlich schnell an die für ihn neuen Gerichte heran. Für Geschmacksüberraschungen und ungewöhnliche Kombinationen ist er stets zu haben. Passend zum Gesamtkonzept.

»Weißt du, dass ich mit dem offenen Küchenfenster zunächst gar nicht klarkam? Das hat mich sehr nervös gemacht. Köche sind es nicht gewohnt, in einem Schaufenster zu kochen«, sagt Shanti.

Hinter dem letzten großen Fenster des Gastraumes befindet sich das der Küche, direkt am U-Bahn-Eingang. Es ist die einzige Küche in Berlin, in die man von außen hineinblicken kann. Kinder und Schaulustige drücken sich oft die Nasen platt und staunen, was in einer Großküche alles vor sich geht. Offene Küchen waren zu dieser Zeit noch nicht weit verbreitet, genauso wenig wie Koch-Shows im Fernsehen.

»Mittlerweile bin ich aber froh über das Fenster, man kann hinausblicken und hat Tageslicht«, sagt Shanti.

Ich versuche vergeblich den großen Salzeimer zu öffnen, um den Vorrat zu prüfen. Shanti zeigt mir den Handgriff, mit dem man den Deckel lösen kann.

»Wie läuft es denn bei dir so, Chef?«

»Ganz gut. Ich bin froh, dass wir mittlerweile ein paar Gäste haben, aber die reichen immer noch nicht aus, um die laufenden Kosten zu decken. Muss ich eigentlich irgendetwas nachkaufen? Fehlen Zutaten?«

»Hier oben ist alles noch ausreichend vorhanden, im Keller solltest du nachschauen, da habe ich keinen Überblick. Du musst dir keine Sorgen machen. Laut Mayakalender sind wir bald im neuen Zeitalter der Ernte und Belohnung. Energetisch läuft hier fast alles richtig. Mit Milena verstehe ich mich ziemlich gut, und wir sind alle ganz chillig drauf. Das spüren auch die Gäste.«

»Ich bin wirklich erleichtert, dass ihr euch nun besser versteht. Aber manchmal wünschte ich, wir hätten keine Zeit, chillig drauf zu sein, weil wir richtig Stress haben.«

Shanti unterliegt einem ausgesprochenen Hang zum Spirituellen, interessiert sich allerdings weniger für die Veden denn für den Mayakult.

»Man sollte immer die Ruhe bewahren und in seiner Mitte bleiben. Und bis zum kommenden Ton 3 des 17. Siegels des Uinals, der für den Weg in die Einheit der Liebe steht, werden wir vielleicht auch erfahren, zu wem aus dem Team du dich so hingezogen fühlst.«

»Zu wem sollte ich mich denn hingezogen fühlen, außer zu dir?« Ich lache und versuche die Bemerkung zu überspielen.

»Nein, nein, du bist doch nicht schwul, oder? Das hätte ich gemerkt. Alle Kollegen reden darüber, aber keiner sagt, mit wem du eine Affäre hast.«

»Affäre? Ich dachte, ich fühle mich nur zu jemandem hingezogen? Na, dann will ich mal herausbekommen, mit wem ich was am Laufen habe!« Ich klopfe Shanti auf die Schulter, er lächelt selig und nickt.

Von der Küche führt eine schmale, alte Versorgungstreppe in den Keller hinab. Man muss den Kopf einziehen, wenn man sie nutzt. Kisten sind mit der kurzen Seite zum Körper zu tragen, um nicht steckenzubleiben. Im Backstagebereich hatten die Aschingers enorm gespart, an Raum und an Komfort. Für damalige Verhältnisse war das vermutlich eine riesige Gangway, auf der sich zwei Mitarbeiter fröhlich im Vorbeitraben abklatschten.

Unten, gegenüber der Treppe, liegt ein Durchgang ohne Tür, der in einen Raum mit Kühlhaus und Vorbereitungsküche führt. Rechts von der Treppe ist die Garderobe für die Mitarbeiter, sie ist nicht sehr groß, wie alle Räume im Keller, erfüllt aber ihren Zweck. Der Flur linker Hand mündet im Trockenlager. Dort befindet sich ein zugemauerter Gang, der zum Nachbarhaus führt. Die Aschingers hatten den angrenzenden Bau in den zwanziger Jahren an das Stammhaus angeschlossen. Bis zum Ende der Burger-King-Zeit waren die Häuser miteinander verbunden gewesen, dieser Gang war ein wichtiger Verkehrsweg. Die ehemalige Küche des amerikanischen Schnellrestaurants befindet sich immer noch im Nebengebäude, sie steht leer.

In den frühen Nuller Jahren gab es dort für kurze Zeit eine illegale Bar, sie war nur an einem bestimmten Wochentag geöffnet, und offiziell fand stets eine Vernissage statt, auch wenn nicht wirklich Kunst gezeigt wurde.

Im Getränkelager stelle ich fest, dass ich einige Sorten der Erfrischungsbrausen der kleinen regionalen Hersteller beim großen regionalen Getränkehändler nachbestellen muss. Dass der mit seinem Sattelschlepper nicht für vier Kisten einen Halt einlegt, ist verständlich. Ich werde nachfragen, was der Mindestbestellwert ist, und hoffen, dass sie nicht auf Barzahlung bestehen.

Hatte ich einmal richtig nachgedacht und mir das Risiko, das ich mit dem Café eingehen würde, bewusst gemacht? Die Bank wollte Sicherheiten für das Darlehen. Glücklicherweise bekam ich die von nahen Anverwandten gestellt. Zusätzlich wurde noch eine Ausfallgarantie der Berliner Bürgschaftsbank verlangt. Doppelte Absicherung. Spätestens an der Stelle hätte ich mir des vollen Risikos gewahr werden können. Aber wie können Banken ein Maßstab für Risiko sein?

Zwischenzeitlich sah es nicht danach aus, dass das Vorhaben trotz meiner Mühen realisierbar war. Ich rechnete damit, dass es an einer der großen finanziellen und rechtlichen Hürden scheitern würde. Als mich gerade die Hoffnung und die Kraft verließen, bekam ich aber von den einzelnen Institutionen, wie durch ein Wunder, eine Zusage nach der anderen. Ich konnte nicht mehr nein sagen.

Warum habe ich mit der Restaurantgründung nicht, wie geplant, bis zu meinem fünfzigsten Lebensjahr gewartet? Dann hätte ich vielleicht ein gesundes finanzielles Polster gehabt. Andererseits sahen keine meiner bisherigen Unternehmungen und Vorhaben so aus, als könnte ich mit ihnen bis dahin den abgesicherten Zustand erzielen, nach dem ich mich nun sehne.

Den Verkaufspreis meiner Werbeagenturanteile hatte ich in eine Straßenbahnfahrt investiert, und mit meinen abgebrochenen Studiengängen würde ich keine Festanstellung erlangen, die mir derartige Spielräume eröffnen würde. Worauf hätte ich warten sollen?

Eines unserer letzten Projekte war eine Modelagentur gewesen. Nicht irgendeine Modelagentur, sondern eine für lebensechte Typen. Nicht hübsch, sondern heftig. Die meisten Models in unserer Kartei waren Freunde und Kumpels, die sich neugierig auf das Projekt einließen. Klamotte und Shanti hätten wir sofort genommen. Den einzig nennenswerten Auftrag zogen wir im Umfeld einer Haarpflegeproduktmesse an Land. Gesucht wurden Männer, die bereit waren, sich eine Hälfte der Kopfbehaarung abrasieren zu lassen. Sie sollten auf der Messe im Look des Kunden, ein Hersteller von

Haarwachstumsmitteln, herumlaufen und Flyer verteilen. Zu meiner Verwunderung fanden wir recht schnell Klienten, die den Job haben wollten. Die Bezahlung war großzügig, und Geldmangel war der große gemeinsame Nenner unserer Models. Der Job lief gut, auch unsere Provision konnte sich sehen lassen. Leider blieb es uns verwehrt, Folgeaufträge zu akquirieren, zur nächsten Messe existierte die Modelagentur schon nicht mehr.

Die Räume des Kellers sind etwas mehr als mannshoch. An der Decke verlaufen unzählige Rohre. Zu- und Abwasser, Gas- und Bierleitungen, Heizungsrohre. Es gluckert und zischt wie im Maschinenraum eines U-Bootes. Ich fühle mich gefangen, die Enge erdrückt mich. Die Tauchfahrt hat begonnen, zurück zum Hafen geht es nicht mehr.

Ich kontrolliere noch das Kühlhaus und das Trockenlager, alle Bestände sind hier ausreichend. Einerseits schont das meine nicht vorhandene Liquidität, andererseits schauen mich die nicht umgesetzten Waren stumm an, wie Mahnmale für den »unbekannten Gast«.

Im Weinregal finde ich einen weißen, abgenutzten Stoffbeutel. Darauf klebt ein handgeschriebener Zettel: »Wurde gestern von einem Gast vergessen. Ist genau meine Größe, würde ich gerne haben, wenn sie nicht abgeholt werden. MILENA«. Dahinter hat sie einen Smiley in einem Herzen gezeichnet.

Ein Paar elegante hochhackige Damenschuhe einer italienischen Schuhmarke, Größe 38, liegen in dem Beutel. Sie sind gebraucht, aber fast neu.

4.

MITDENKENDE MITARBEITER

Könnte es sein, dass wir uns noch nie bei Tageslicht gesehen haben?«

Ich sitze neben Magnus Mannerström am Tresen des Cafés, einige Tage, nachdem ich mir vorgenommen hatte, den Amerikaner zu bedienen, der seit diesem Entschluss aber nicht mehr aufgetaucht ist.

Magnus Mannerström ist Schwede. Ich bin Magnus früher einige Male im Nachtleben begegnet, hatte ihn aber mehrere Jahre nicht mehr gesehen. Er ist eine dieser Bekanntschaften, die man noch nie nüchtern und bei Tageslicht getroffen hat. Was im Nachtleben funktioniert, verliert bei Tag oft seine Kompatibilität. Bei unserer ersten Begegnung vor einigen Tagen im Café begrüßte ich ihn herzlich, aber kurz, und einem längeren Gespräch war ich bisher erfolgreich aus dem Weg gegangen. Ich hatte kein Interesse daran herauszufinden, ob wir im Tageslicht kompatibel wären oder nicht. Er sitzt seitdem täglich am Tresen, versteht sich hervorragend mit Milena und arbeitet an einem tragbaren Computer. Zumindest hat er viel an einem tragbaren Computer zu tun.

Ich weiß nicht viel über ihn. Früher studierte er Fotografie an der Konstfack in Stockholm und nervte jeden damit, dass er immer alles fotografierte. Eine seiner Semesterarbeiten hatte das Berliner Nachtleben zum Thema. Keine Ahnung, was für Fotos er aus diesen Zeiten von mir besitzt. Wenn damals jemand Besuch hatte, der nicht aus Berliner Gefilden kam, wurden die Nächte meist besonders, da man den Fremden schockieren und ihm das echte Berlin zeigen wollte. Der Fremde nahm den Ausnahmezustand in der Regel mehr als dankbar an. Ich will gar nicht darüber nachdenken, was wir damals noch alles angestellt haben, um nicht nur Magnus, sondern auch seinen Professor, der die Semesterarbeit abnehmen würde, nachhaltig zu beeindrucken.

Magnus hat nicht lockergelassen, in den letzten Tagen hat er mich immer wieder gedrängt, mit ihm einen Kaffee zu trinken. Für heute Morgen bin ich mit ihm verabredet. Als ich zur vereinbarten Zeit ankomme, sitzt er schon mit seinem aufgeklappten Computer an der Bar und redet mit Milena.

Heute, bei Tageslicht, empfinde ich ihn als anziehend und sympathisch. Er klappt seinen Rechner zu, strahlt mich an und berührt mich mit seiner kräftigen Hand in der Mitte meines Oberschenkels. Eine kleine Massage statt eines Händedrucks.

»Absolut! Das kann absolut sein, immer war das dunkel und laut, früher. Es ist ja absolut toll, dass wir einen Termin finden konnten. Den ganzen Tag sind wir beide an eine Ort und doch nicht an eine Ort.«

Magnus spricht gutes Deutsch, mit einem angenehm schwedischen Akzent. Irgendwas will er von mir, denke ich, das wird kein normales »Wie geht es dir so und ach, was waren das damals für Zeiten«-Gespräch. Diese ersten Sätze hat er sich nicht spontan überlegt, die hatte er vorbereitet. Eigentlich habe ich überhaupt keine Zeit für private Treffen. Alleine hier am Tresen fallen mir sofort viele Kleinigkeiten auf, die noch erledigt und verbessert werden müssen. Klamotte hat die Lampen im Rücktresen noch nicht aktiviert, und den Mitarbeitern muss ich noch mal verdeutlichen, wie man die Milchdüse der Kaffeemaschine korrekt reinigt.

Milena hatte sich entfernt, als ich mich zu Magnus setzte, und poliert bereits polierte Gläser. Sie hört uns offensichtlich unauffällig zu, die Musik ist ungewöhnlich leise. Gut sieht sie aus, wenn sie Gläser poliert. Einen Fuß stellt sie nach hinten auf die Spitze, das andere Bein drückt sie stramm durch. Die Wände unserer Gläser werden dünn und zerbrechlich sein, wenn sie jemals auf einen Gast treffen.

»Schön, dass wir uns mal wieder sehen. Zum ersten Mal bei Tageslicht, aber immerhin in einer Kneipe. Was hast du denn so getrieben in den letzten Jahren?« Ich mache eine Pause, kneife ein Auge zu und blicke an Magnus vorbei in die Vergangenheit. »Wie viele Jahre sind es eigentlich? Mindestens sechs, oder eher sieben?«

»Es kommt mir vor wie ewige Zeiten. Berlin hat sich doch absolut geändert seitdem, und du auch, wie es aussieht. Was für ein Café du jetzt hast!« Er blickt sich anerkennend um.

»Ja, Fotomotive, die dich reizen könnten, sind heute sicher weniger vorhanden als früher. Fotografierst du noch?«

»Absolut, das ist echt meine Ding. Habe meinen Magister aber erst gerade beendet. In den letzten Jahren habe ich auch eine Café gemanagt. In Stockholm. Als Barkeeper begonnen, und bin dann Partner geworden. Man kennt das. Um meinen Magisterexamen aber dann endlich doch noch zu machen, habe ich dort quittiert und will jetzt in der absolut angesagtesten Stadt der Welt eine Galeristen finden und absolut als Kunstfotograf mein Geld gewinnen.«

»Am Ende machen doch alle ihren Abschluss«, seufze ich mehr in mich hinein, als ihm zu entgegnen, und schaue dabei auf die Tresenfläche vor mir. Sie besteht aus einem Beton-Holzfaser-Gemisch, für einen Tresen ein ungewöhnlicher Werkstoff, aber bestens geeignet, da er extrem hart ist, fast wie Beton, sich aber noch bearbeiten lässt wie Holz, zumindest wie sehr hartes Holz. Auf der noch unbezahlten Rechnung des Tischlers stehen als Sonderposten Sägeblätter zu Buche.

»Ich benötige aber im Moment absolut noch eine Nebenjob und wollte dich fragen, ob ich dir nicht ein wenig helfen kann, aus deine Laden den absolut angesagtesten der Stadt zu machen? Ich kann fast alles, was in der Gastronomie man so braucht. Ich könnte dir auch die Schichtpläne abnehmen, das habe ich in Schweden jahrelang erarbeitet.« Er sieht mich aufmunternd an, dreht beide Handflächen nach oben und zieht die Schultern hoch, während er sich etwas zurücklehnt.

Magnus' skandinavische Herkunft ist unverkennbar. Er hat etwas Bärig-Väterliches an sich, ist groß und kräftig, aber sportlich gebaut und trägt das halblange Haar nach hinten gekämmt. Sein Gesicht mit leicht hervorstehenden, gesund durchbluteten Backen sieht nach einem Leben in der Natur aus und ist so glattrasiert, dass ich mich frage, ob er überhaupt Bartwuchs hat. Sein Kleidungsstil ist skandinavisch formell-informell.

Der Mann ist gut informiert. Ich hänge mit dem Erstellen des Schichtplanes für Oktober seit Tagen hinterher, der Monat beginnt bald, die Mitarbeiter betteln bereits um die Veröffentlichung.

Milena bedient einen Gast, der eine große Bestellung zum Mitnehmen aufgegeben hat. Zwei große Tüten bereitet sie zum Befüllen mit Ware vor.

Magnus nutzt mein Zögern, um zu ergänzen: »Ich wohne hier gleich nebenan, in eine ganz lustige WG auf der Torstraße, und bin zurzeit absolut flexibel zu haben.«

Der Gedanke, dass ich an einem der nächsten Abende nicht die qualvolle Erstellung des Schichtplanes erledigen muss und vor allem die Diskussionen mit den Mitarbeitern nach der Veröffentlichung des Planes an jemanden delegieren könnte, fühlt sich befreiend an. Ob Magnus, den ich nur aus dem

Nachtleben kenne, dafür der Richtige ist? Vielleicht könnte man eine Art Probezeit vereinbaren.

Milena rauscht heran, sie ist wegen der großen Bestellung gastronomisch und schauspielerisch aufs Äußerste gefordert. Mit einem aufgesetzt professionellen Lächeln fuchtelt sie direkt vor Magnus und mir mit Verpackungsmaterialien herum, so dass wir uns instinktiv etwas zurücklehnen, um aus der Gefahrenzone zu kommen.

Lächelnd zischt sie mich an: »Wo ist das Einwegbesteck? Ich hoffe, du hast es endlich mal besorgt!«

»In der Küche.« Ich lächele zurück und versuche meine Lippen möglichst wenig zu bewegen.

Bevor ich ihr meine Unterstützung anbieten kann, verschwindet sie. Ich lächele weiter, schwenke meinen Kopf zu dem Mitnehmgast und nicke leicht. Der Mitnehmgast ist eine sehr kleine, sehr alte Frau. Ihre freundlichen Augen hinter einer großen Brille reichen knapp über die obere Tresenkante. Ihr Mund, der Zufriedenheit ausstrahlt, ist durch das Präsentationsfenster der obersten Kuchenauslage zu sehen.

Hinter der alten Dame betritt der Amerikaner das Café. Ich erkenne ihn sofort, obwohl ich ihn noch nie gesehen habe.

»Der Amerikaner!«, sage ich halblaut vor mich hin.

»Soll ich das lieber übernehme?« Magnus fasst mich am Arm.

»Nein, das muss ich schon selber machen.«

Ich stehe entschlossen auf. Während ich zielstrebig durch den Tresen schreite, frage ich mich, wie tief Milena Magnus in die Geschäftsgeheimnisse eingeweiht hat.

Selbstbewusst und freundlich lächelnd bediene ich den Mann, der mindestens einen Meter größer ist als die alte Dame.

»Guten Tag! Was darf es bitte sein?«

Er bestellt einen Kaffee und ein Milchfladenbrot, belegt

mit Halloumikäse und frischer Minze, das ich auf dem Grill erwärme. Wenn dieser Mensch spricht und einen mit durchdringendem Blick fixiert, schaut man in einen Abgrund, in einen Abgrund, dessen Boden nur schwarze Leere ist.

»Der Sommer scheint langsam wirklich vorbei zu sein.« Er formuliert sauber gebaute Sätze mit amerikanischem Akzent und einer butterweichen, tiefen Stimme, man wünscht sich, dass diese Stimme niemals aufhört, an Howard Carpendale denke ich. »Dort, wo ich herkomme, ist jetzt Indian Summer, das ist die schönste Jahreszeit dort.«

Etwas ist irritierend, während der Mann mich in einen Smalltalk verwickelt. Beinahe hätte ich es übersehen: Während er redet, klickt er ohne hinzuschauen zwanzig oder dreißig Tabletten aus dem Süßstoffspender in seinen Kaffee. Ich fühle mich unmittelbar unterlegen und eingeschüchtert. Der Typ ist verdammt cool. Außerdem versteht er es, geschickt persönliche Informationen über sich in das Gespräch einzubinden, obwohl es sich nur um einen Bestellvorgang handelt. Wenn Milena dies bereits als Übergriff empfindet, haben wir großen Redebedarf. Ich kann keinen Grund sehen, ihm ein Hausverbot aufzuerlegen. Darüber bin ich erleichtert. Die anstehende Unterhaltung mit Milena dürfte hingegen wenig zur Erleichterung beitragen. Meine Ahnung bestätigt sich, Milena macht ihre kleinen Probleme zu meinen großen.

Ich drehe mich zur Seite und sehe in das fragende Gesicht Milenas, die unterdessen die alte Dame bedient hat und gespannt meine Reaktion erwartet.

»Da haben wir ja gerade ganz guten Umsatz gemacht!«, sage ich und gehe kopfschüttelnd an ihr vorbei.

Milena lässt die Schultern hängen und seufzt erschöpft. Magnus schaut konzentriert auf seinen wieder aufgeklappten tragbaren Computer.

»Magnus, das ist ein guter Vorschlag.« Milenas Blicke sind spürbar, sie hat die Hoffnung auf eine Reaktion, die ihr gefallen könnte, noch nicht aufgegeben. »Wenn du die Schichtpläne übernimmst, kann ich mich auf die wesentlichen Themen hier konzentrieren«, sage ich etwas lauter als nötig.

»Das ist absolut ...« Magnus freut sich, wird aber von Milena unterbrochen, die ihr Glaspoliertuch vor uns auf den Tresen schmeißt, es gegen ein Tablett eintauscht und verkündet: »Dann kannst du dich ja auch gleich mal um unseren zweiten Spezialgast kümmern. Die Oma dort mit den zwei prallgefüllten Tüten hat nämlich ihr Geld zu Hause vergessen und will anschreiben lassen. Für dich sicherlich kein Grund für ein Hausverbot, aber vielleicht immerhin ein wesentliches Thema.«

Milena deutet auf die alte Dame, die nicht, wie ich dachte, das Café verlassen hat, sondern immer noch lächelnd mit zwei vollen Tüten am Fenster zur Rosenthaler Straße sitzt. Sie sieht nun noch kleiner aus.

»Ich muss jetzt mal oben abräumen gehen, die Herren werden den Tresen bestimmt so lange im Griff haben.« Milena wendet sich ab, ohne uns anzusehen.

Die kleine alte Dame hat etwas Maushaftes. Ihr braun-beiges, kurzes Haar ist gelichtet, vor allem am Hinterkopf, aber akkurat frisiert in leichten, natürlichen Wellen. Sie trägt einen hellgrünen Blazer und einen langen beigen Faltenrock. Sie stellt sich mir als Frau Melanowski vor.

»Mein Junge, das ist dir doch bestimmt auch schon mal untergekommen, dass du von zu Hause losgegangen bist und dann bemerkst, dass du dein Portemonnaie vergessen hast, nicht?«

Sie spitzt beständig ihren Mund, ihre Hände legt sie mit den Handoberflächen nach oben in den Schoß, ab und an fasst sie mich am Arm, um sicherzugehen, dass ich sie verstehe. Der Inhalt der beiden Tüten reicht mindestens, um den Hunger von sechs Personen zu stillen, Frau Melanowski nicht eingerechnet. Milena hat alles gut und sauber verpackt und gestapelt. Irgendwie ist die Dame auf den Barhocker am großen Tisch geklettert, ihre Beine baumeln frei in der Luft.

»Natürlich, das kann schon mal vorkommen, aber wie wollen wir denn das Problem nun lösen?«

»Wo sind wir hier, in welchem Stadtteil?«

Ihr Blick ist gebrochen, sie ist unruhig geworden.

»In Mitte, am Rosenthaler Platz.«

»Ich habe früher hier gelebt, mein Junge, ich kenne mich hier bestens aus. Ich habe nur den falschen Ausgang unten im U-Bahnhof erwischt. Deshalb wusste ich einen Moment lang nicht, wo ich bin.«

Der U-Bahnhof Rosenthaler Platz besitzt vier Ausgänge direkt an der großen Kreuzung, die alle über verschiedene Gänge und Abzweigungen zu erreichen sind. Die Orientierung ist nicht einfach, die Beschilderung uneindeutig.

»Der Ausgang gegenüber ist gerade gesperrt, da wird gebaut.«

»Siehst du, mein Junge, da haben wir es doch. Wie soll eine alte Frau sich da noch zurechtfinden?«

Für kurze Zeit erleichtert sie meine Information, dann wird sie wieder unruhig und schaut sich um, während sie sich an meinem Arm festhält.

»Wir können das alles aufschreiben, und Sie begleichen es dann später«, beruhige ich sie. »Haben Sie Ihren Ausweis dabei?«

»Das sieht ja alles so lecker aus, guck mal.« Sie beginnt, den Inhalt der Tüten auszupacken, um ihn mir zu präsentieren. Ich halte behutsam ihre kleine, alte, kalte Hand fest, die Haut ist dünn und transparent. Sie ist vielleicht Gast im alten Aschinger gewesen, eine Augenzeugin. Sie schaut mich traurig an.

»Das Essen im Heim ist nicht gut.« Sie macht eine abfällige Handbewegung. »Ich dachte, ich besorge uns was richtig Leckeres.« Triumphierend lächelt sie mich an. »In welchem Stadtteil sind wir hier?«

»Frau Melanowski, wo genau ist denn Ihr Heim?«

Diese Frage bringt sie in Bedrängnis, sie ist nun gänzlich nervös, blickt sich um und fasst sich mit einer Hand an den Mund. Sie knöpft den obersten Knopf ihrer Bluse auf und zieht ein blaues Schlüsselband mit einem Amulett hervor.

»Hier, junger Mann, hier steht doch alles drauf«, sagt sie, als müsste ich wissen, dass bei alten, verwirrten Menschen irgendwo eine Art Hundemarke verborgen ist. Sie freut sich, eine Lösung gefunden zu haben, und übergibt mir das Amulett. Es ähnelt einem Hotelschlüsselanhänger. Dort, wo sich sonst die Zimmernummer befindet, steht »Seniorenstift St. Antonius« und eine Berliner Telefonnummer.

In der Hoffnung, dass Frau Melanowski nach Hause und ich an mein Geld komme, versichere ich ihr, dass alles kein Problem sei und rufe mit meinem Mobiltelefon dort an. Im St. Antonius weiß man gleich, wen ich meine, es kommt öfter vor, dass Frau Melanowski verbotenerweise das Stift verlässt. Sie verständigen die Polizei, die wird die Ausreißerin wieder heimbringen.

»Alles geklärt, Frau Melanowski, Sie werden gleich abgeholt.« Von der Polizei will ich nicht sprechen, das könnte sie unnötig beunruhigen, ihre Hand umklammert fest die meine. Die Situation ist unter Kontrolle.

Milena galoppiert die große Holztreppe herunter, mit einem leeren Tablett in der Hand und einem roten Kopf zwischen den Schultern. Die Hand der alten Dame greift noch fester zu. Obwohl Milena aufgeregt ist und sich eher sportlich als grazil bewegt, strahlt sie etwas Anziehendes aus – aber auch etwas Mitleiderregendes. Als sie vor uns steht, sammelt sich Milena kurz, zupft ihr enganliegendes T-Shirt zurecht.

»Der Amerikaner schaut sich Pornos an. Por-no-grafie! Auf seinem Laptop. Ich habe doch die ganze Zeit gesagt, dass mit dem etwas nicht in Ordnung ist.«

Milena ist merklich in Rage. Frau Melanowskis Griff wird schmerzhaft fest, sie vermag mit ihren kleinen alten Händen eine erstaunlich große Kraft auszuüben. Ich wüsste gerne, was jetzt gerade in ihr vorgeht. Ihr Mund ist immer noch gespitzt, sie wirkt angespannt, aber vergnügt. Gute Unterhaltung. Die wird im St. Antonius nicht oft geboten.

Eigentlich ist es mir gleichgültig, was der Amerikaner im Café macht, solange er einer der wenigen Gäste ist, die konsumieren, dafür bezahlen und alleine nach Hause finden.

»Den Konsum von Pornografie«, das böse Wort spreche ich etwas vorgebeugt und leiser aus, damit Frau Melanowski es nicht zum wiederholten Male hören muss, sie zieht mich jedoch gleich streng wieder nach hinten, um auch ja alles mitverfolgen zu können, »will ich prinzipiell nicht gutheißen. Aber es ist doch wohl kein Verbrechen und auch kein Grund für ein Hausverbot.«

Das Eis wird dünn. Milena ist empört.

»Jeder Gast kann es sehen, und ich habe keine Lust, irgendwelche ekligen, pornoschauenden Süßstofffresser zu bedienen. Hast du schon mal was von Menschenwürde gehört? Auch Angestellte haben so was«, sie spricht immer lauter und schneller. »Du musst ihn jetzt zur Rede stellen. Wenn du ihn schon nicht rausschmeißen willst, dann verbiete ihm wenigstens die Pornos. Das willst du doch wohl nicht dulden? Sonst rede ich mit ihm!«

»Wäre es eventuell möglich, dass ich die junge hübsche Dame dabei begleite?«

Frau Melanowski hat meine Hand losgelassen und begonnen, vom Stuhl zu klettern.

Ein Teil von mir wird sofort neugierig und fragt sich, wie die beiden diese Situation wohl meistern würden. Aber es ist keine Option, dieses schwierige Kundengespräch Milena zu überlassen.

»Ich werde mir die Sache jetzt anschauen und mit dem Mann reden, wenn es nötig ist. Ihr beide wartet bitte hier.«

Etwas gedämpfter, Milena zugewandt, füge ich hinzu: »Frau Melanowski ist ein klein wenig orientierungslos. Bitte lass sie nicht aus den Augen. Sie wird gleich abgeholt.«

Auf dem Weg in das Obergeschoss ärgere ich mich über Milena. Sie will um jeden Preis ihren Willen durchsetzen. Ich muss mit ihr ein ernstes Gespräch führen, wenn die Geschichte geklärt ist. Mit Howard Carpendale werde ich mich schon einigen können. Der Mann bringt täglich guten Umsatz, den werde ich doch nicht wegen der Empfindlichkeiten meiner Mitarbeiterin aufgeben! Und wenn ich mich mit Howard Carpendale einigen kann, kann ich mich auch mit Milena einigen.

Auf der obersten Treppenstufe bleibe ich stehen. Er hat sich und den Bildschirm seines tragbaren Computers für alle gut sichtbar neben dem Toiletteneingang platziert. Es ist eindeutig pornografisches Material zu sehen, und ich überlege, wie ich ein Gespräch über dieses schwierige Thema beginnen könnte. Vielleicht hat Milena aber auch recht, und ich muss diesen großen, breiten Mann des Hauses verweisen?

Während ich überlege, studiere ich das Bewegtbildmaterial und gerate ins Stutzen: Ein und dieselbe Sequenz wird immer wieder von neuem abgespielt, wobei Anfangs- und Endpunkt sich bei jeder Wiederholung um wenige Sekunden nach hinten verschieben. Der Mann schaut sich wieder und wieder seine Lieblingsstelle an, weil er einfach nicht genug davon bekommen kann, und das früh am Morgen. Das fühlt sich nicht gut an und könnte andere Gäste abschrecken.

Der aufkommende Duft von Mandeln passt nicht zu dem, was ich sehe. Milena steht sehr nah hinter mir und blickt über meine Schulter. Ich spüre ihren Atem in meinem Nacken. Ich hatte nicht bemerkt, dass sie die Treppe erklommen hatte, um mir entgegen meiner Anweisung zu folgen.

»Der ist ja Cutter!«, flüstert sie aufgeregt in mein Ohr. Selbst der Tabakgeruch in ihrem Atem riecht gut.

»Das habe ich auch gerade festgestellt«, lüge ich, versuche dabei möglichst gelassen zu wirken und drehe ihr langsam meinen Kopf zu. Wir stehen viel zu nah beieinander.

»Jetzt weiß ich auch, warum er immer so merkwürdig ist«, sagt Milena. »Er ist beim Film! Da sind fast alle ein wenig merkwürdig. Das ist meine Chance! Du weißt doch, dass viele Schauspieler einfach aus Bars und Cafés weggecastet werden. Zur rechten Zeit am rechten Ort sein, das ist es!«

Sie umarmt mich, küsst mich ein wenig zu lange und ein wenig zu nass auf die Wange und stürmt die Treppe hinab. Während ich erst langsam begreife, wie sich das Schicksal gewendet hat, nickt Howard Carpendale mir wohlwollend zu und gibt mir mit einem komplizenhaften Augenzwinkern zu verstehen, dass er genau weiß, was in diesem Augenblick in mir vorgeht. Müde, aber auch erleichtert lächele ich zurück.

Ich kann gar nicht sagen, ob ich es für vertretbar halte, einen Porno-schneidenden Gast zu beherbergen oder nicht. Ich habe weder Kraft noch Zeit, das zu entscheiden.

Meine Moralvorstellungen habe ich an Milena delegiert, die Schichtpläne an Magnus. Die beiden Delegierten sitzen sichtlich vergnügt am Tresen, sind zufrieden und aufgekratzt.

»Super, dass Magnus jetzt die Schichtpläne macht«, ruft Milena mir entgegen, »er will sie gleich morgen fertig haben! Was für ein Tag!«

Milena hat für mich das vorhin unterbrochene Gespräch bereits zu Ende geführt und Magnus eingestellt. Mitdenkende Mitarbeiter, das wünscht man sich.

Der Tisch, an dem Frau Melanowski saß, ist leer. Darum hat sich Milena auch schon gekümmert.

»Gut, dass Frau Melanowski schon abgeholt wurde. Habt ihr von der Polizei eine Adresse erhalten?«

»Die Polizei? Die war nicht hier.« Milena schaut Magnus an, der verwundert den Kopf schüttelt.

Frau Melanowski hat die Chance zur Flucht ergriffen und ist mitsamt den beiden Tüten verschwunden, ohne zu bezahlen. Damit reiht sie sich nahtlos in die eigenwillige Gästeschar des Cafés ein. Ich rechne damit, bald auch Tiere oder Außerirdische bewirten zu dürfen.

5.

DER ROSENTHALER PLATZ VON UNTEN

Ich trete vor den Eckeingang und überblicke die Kreuzung. Frau Melanowski ist nicht zu sehen. Weit kann sie noch nicht gekommen sein. Ich fühle mich verantwortlich und schuldig. Vielleicht ist Frau Melanowski aber auch eine abgebrühte Trickbetrügerin und täuscht ihre Verwirrung nur vor, um die Zeche zu prellen. Dieser niederträchtige Gedanke wird mit neuen Schuldgefühlen bestraft.

Ich laufe zum Eingang des U-Bahnhofs vor der Küche des Cafés, schnell gehe ich die Treppe hinunter zum Zwischengeschoss. Die riesigen, leuchtend orangefarbenen Fliesen aus den dreißiger Jahren empfangen mich. Der Gang ist prall gefüllt mit einer Menschenmenge, die sich gegen meine Laufrichtung bewegt, gerade muss eine U-Bahn angekommen sein. Der Bahnhof steht unter Denkmalschutz, wie das Haus, in dem ich versuche, ein Café zu betreiben. Das Zwischengeschoss, das die Leute, die durch die vier Eingänge kommen, bündelt, um sie zum Bahnsteig hinabzuführen, kann man auch als Fußgängerunterführung nutzen. Ich grüße aus der Ferne Mehmet, der an diesem belebten Punkt einen unterirdischen Backshop betreibt. Wir helfen uns gelegentlich mit Kleingeld aus.

Am Abgang der Haupttreppe zum Bahnsteig steht in der von der U-Bahn ausgespuckten Menschenwelle Frau Melanowski mit den beiden Tüten in der Hand. Bis 1989 war dies ein Geisterbahnhof, die Züge, die von Wedding nach Kreuzberg fuhren, hielten nicht in Mitte an. Als die Welle vorübergeschwappt ist, spricht Frau Melanowski einen der beiden Drogendealer an, die diesen strategisch wichtigen Punkt ebenso schätzen wie Mehmet. Die Elektromotoren der abfahrenden U-Bahn surren laut auf, warme Luft wird nach oben gedrückt, es riecht nach altem Maschinenöl und Mensch, der typische U-Bahn-Geruch, und doch riecht jede Linie ein klein wenig anders. Ich bin glücklich und erleichtert.

Als ich an die drei herantrete, der Lärm und die Luft sich beruhigt haben, sagt der Dealer: »Berlin, Mitte, Rosenthaler Platz. Steht doch da unten und da oben überall groß dran.« Er schüttelt den Kopf.

»Frau Melanowski!« Ich fasse sie sanft an ihrer Schulter, sie schaut mich an, als hätte sie mich noch nie gesehen. »Kommen Sie, ich bringe Sie jetzt nach Hause, in das St. Antonius.«

Da ich den Namen ihres Wohnheimes kenne, bin ich vertrauenswürdig. Ich will ihr die Tüten abnehmen, aber das lässt sie nicht zu. Wir gehen gemeinsam durch den orangefarbenen Gang nach oben.

Auf der schraffierten Sperrfläche des Mittelstreifens der Rosenthaler Straße steht ein Polizeiwagen. Parkplätze sind am Rosenthaler Platz stets zu wenige vorhanden, zwei Polizisten steigen aus dem Wagen, sie hatten offensichtlich keine große Lust, einen geeigneteren Stellplatz zu suchen. Sie lassen ein paar Autos vorbeifahren und überqueren dann den Fahrstreifen. Wir kommen fast zeitgleich vor dem Eingang des Cafés an. Ich winke, damit die beiden Beamten, ein Mann mit einem Bäuchlein und eine junge Frau mit blonden Locken, die unter der Dienstmütze trotzig hervorquellen, nicht hineingehen und ich die Angelegenheit draußen, außerhalb des konzessionierten Gastraumes, regeln kann.

»Wunderschön'n juten Tach! Taxi nach Hause bestellt,

ja?«, sagt der Polizist und greift sich zum Gruße an die Schirmmütze, zieht sich dann die Hose seiner grünen Uniform am Bund zurecht.

»Ja, genau«, ich beuge mich zu Frau Melanowski herab und versuche so beruhigend wie möglich zu klingen, »Taxi nach Hause, hatten wir bestellt.«

Frau Melanowski nickt mir bestätigend zu. Dann wendet sie sich verärgert an den Polizisten: »Das wurde aber auch langsam mal Zeit, wo waren Sie denn so lange?«

Der Polizist hat Hornhaut auf den Trommelfellen und entgegnet unbeeindruckt: »In welches Hotel müssen wa denn? Darf ick mal sehen?« Er streckt die Hand nach der Hundemarke aus.

Ich bemerke jetzt erst, dass ich sie immer noch festhalte. Für den Polizisten ist das anscheinend nicht die erste Heimbringung einer verwirrten Person. Er blickt auf die Marke, er bewegt sie vor und zurück, um den Abstand zu den Augen zu variieren, die Brille will er nicht bemühen.

»St. Antonius. Da haben wa's ja nicht so weit. Ich dachte immer, das wäre ein Seniorenstift, aber man lernt ja nie aus.«

Er hängt mir die Marke mit dem blauen Schlüsselband um den Hals, erstaunlich einfühlsam macht er das. Seine Kollegin fasst mich behutsam am Arm und lächelt mich an: »Na, dann wollen wir mal los, im Auto ist es auch schön warm.«

Ich bleibe stur stehen, lehne mich leicht nach hinten gegen den Griff der Polizistin und lache. »Das ist ein ganz blödes Missverständnis, ich gehöre nicht in das ...«

»So ein Ausflug ist immer eine große psychische Belastung, kommen Sie, im St. Antonius gibt es bald Mittagessen, das wollen wir doch nicht verpassen.«

Während die Polizistin spricht, erhöht sie sanft den Druck ihres Griffs und zieht mich in Richtung des Polizeiwagens. Ich stolpere einen kleinen Schritt nach vorne. Nachdem ihr männlicher Kollege sich noch einmal die Hose der grünen Uniform zurechtgezogen hat, packt er mit an. Bei seinem Bauch ist es verwunderlich, dass die Hose nicht einfach auf den Boden herunterfällt.

»So warten Sie doch einen Moment!« Meine Stimme überschlägt sich. »Ich kann alles erklären!«

Unerbittlich ziehen die Beamten mich über den Bürgersteig, während sie beruhigend auf mich einsprechen.

»Herr Wachtmeister?« Frau Melanowski zupft am Ärmel des Polizisten, ohne dabei die volle Tüte aus der Hand zu legen. »Können Sie mir vielleicht sagen, in welchem Stadtteil wir uns hier befinden?«

»In Mitte«, entgegnet der Beamte überrascht, sein Griff lockert sich unmittelbar. Ich nutze die Gelegenheit und befreie meinen Oberarm, blicke hoffend auf Frau Melanowski, auch die Polizistin unterbricht den Abschleppvorgang, hält mich aber weiter fest.

Frau Melanowski hebt eine der Tüten vor das Gesicht des Polizisten und wackelt damit hin und her.

»Sie haben sich ganz schön Zeit gelassen, das Essen hier wird kalt, das schmeckt doch dann nicht mehr. Wie soll sich eine alte Frau bei den vielen Baustellen hier noch zurechtfinden? Also bitte. Lassen Sie uns nun endlich losfahren.« Sie schüttelt entrüstet den Kopf und setzt sich in Bewegung.

Die beiden Beamten und ich richten unsere Kleidung wie nach einer Rauferei, und so fühle ich mich auch. Ich nehme mir den Orden ab und lasse ihn in die geöffnete Hand des Polizisten fallen, der ein sehr kleines, zerknirschtes »Tschuldigung« herausdrückt, ohne mich dabei anzuschauen.

Die Polizisten beeilen sich, Frau Melanowski einzuholen, damit sie nicht alleine über die Straße geht. Der Wagen wendet auf dem Mittelstreifen und fährt zügig davon in Richtung St. Antonius.

Ich überprüfe im Spiegelbild des Fensters des Cafés, ob ich zerzaust aussehe, und streiche mir mein Haar ordentlich zurück. Ich erschrecke, denn direkt hinter meinem Spiegelbild erscheint Milena und winkt mir besorgt zu.

Frau Melanowski hat nun doch die Zeche geprellt. Ich werde das St.-Antonius-Stift anrufen und wenigstens um eine Spendenquittung bitten. Ich lächele Milena an und bedeute ihr, dass ich nun zu ihr käme und alles in bester Ordnung sei. Bevor ich hineingehen kann, tritt sie hinaus, um mich abzuholen. Sie hakt sich gutgelaunt bei mir unter und begleitet mich zum Tresen.

»Warum wollte die Polizei dich verhaften, was hast du denn angestellt?«

»Es ging um die Oma, nicht um mich.«

Milena schaut mich verständnislos an, als wolle sie sagen, dass das eine schlechte Ausrede sei. »Ich bin so aufgeregt, es kann jeden Tag passieren, dass ich entdeckt werde, hier im Café. Magnus hat übrigens schon mit den Schichtplänen begonnen.«

Magnus nickt mir stolz zu. »Ich habe mir ausgedacht, dass wir eine Testzeit machen. Erst mal ohne Geld. Ich brauche nur Freigetränke, dann geht das schon absolut gut für mich. Soll ich gleich anfangen?«

Nach ihrem Schichtende am frühen Abend sucht Milena mich im Lüftungsraum auf und verabschiedet sich kurz, aber freudig von mir. Das hat sie noch nie getan. Dabei berührt sie mich einmal am Oberarm. Sie ist beseelt von ihrem Traum und vermutet in jedem Gast einen Regisseur, Produzenten oder Schauspielagenten.

Nach ihrem Abschluss des Schauspielstudiums an der Universität der Künste in Berlin hat sie nicht gleich die ganz großen Engagements erhalten und deshalb bei mir zu kellnern begonnen, um sich ein Zubrot zu verdienen. Bei der Aufnahme ihrer persönlichen Daten hat sie mir mitgeteilt, dass ihr biologisches Alter zwar zweiunddreißig sei, dass sie aber in Absprache mit ihrer Agentin auf ihrer Sedcard dreißig angegeben habe. Das entspreche genau ihrem Gefühl, und sie halte es für außerordentlich wichtig, dass auch mir klar sei, dass sie eben eigentlich erst dreißig und nicht zweiunddreißig sei. Dabei schaute sie mich mit vorgebeugtem Oberkörper an, ihre großen braunen Augen weit aufgerissen, und tippte mit dem Zeigefinger auf die entsprechende Zeile des Formulars. Ganz vorne auf ihrem markanten und doch fein geschnittenen Kinn befindet sich ein kleines Muttermal, nicht ganz in der Mitte, aber noch auf der Spitze des Kinns. Wenn sie spricht, hüpft es auf und ab. Die Entdeckung dieses Mals und das rhythmische Klopfen ihres Fingers hatten eine hypnotische Wirkung auf mich. Erstaunt und noch recht unerfahren im Umgang mit Schauspielern erklärte ich, dass ich alles verstanden habe und sie sich keine Sorgen machen müsse.

Gemeinsam gehen wir die große Holztreppe hinunter. Magnus sitzt noch immer am Tresen, ist intensiv mit seiner neuen Aufgabe beschäftigt. Er hat von Kaffee zu Bier gewechselt und raucht eine Zigarette, während er telefoniert. Auch Kaja und Claire, die beiden Abendschichten, verstehen sich gut mit ihm. Claire ist eine hochgewachsene Französin, die sehr mit ihrem Deutschstudium beschäftigt ist und nur am Abend und an den Wochenenden arbeiten kann. Kaja hingegen ist klein und blond, ihre Nasenflügel sind streng nach oben gezogen, sie trägt gerne farbenfrohe Schuhe, die aussehen wie die von Daisy Duck, heute sind sie lackrot.

Die Atmosphäre im gesamten Laden hat sich von Weltuntergangs- in Aufbruchsstimmung verwandelt. Shanti teilt mir mit, dass alles so läuft, wie es der Mayakalender vorhergesagt hat.

»Turbulent kann es aber schon noch mal werden! Mit Magnus hast du jedenfalls einen wichtigen Schritt in die richtige Richtung gemacht. Und der sieht ja so was von skandinavisch aus!«, sagt Shanti, umarmt mich – das hat auch er noch nie getan – und beendet seine Schicht, indem er mit Magnus am Tresen ein Bier trinkt.

Fred und der General laufen ein, meine in Falten gelegte Stirn kontern sie freundlich: »Ach komm, Chef, ist doch n bisschen mal wat los hier heute Abend, dit lohnt sich doch dann überhaupt erst für uns.«

Milde lächelnd winke ich sie durch. Fred hat recht. Tatsächlich scheint die veränderte Stimmung und der mit Statisten besetzte Laden auch mehr echte Gäste anzuziehen, ein guter Abend könnte das werden. Das Gesetz der kritischen Masse greift langsam ein wenig, wendet sich ganz leicht zur positiven Seite. Zum ersten Mal habe ich keine Bedenken, zwei Mitarbeiter gleichzeitig im Tresen einzusetzen. Im sogenannten Schankvorgarten, an den Tischen direkt an der Rosenthaler Straße, sitzen einige Gäste, und im Innenraum auch.

»Ist ja eine richtig verliebte Stimmung hier«, sagt Kaja im Vorübergehen zu mir. »War ja einiges los heute, was man so hört. Du und Milena und Pornos und so?« Im Laufen schenkt sie ein Hefeweißbier in ein Glas.

Ich zucke die Schultern und tue das als normalen Gastro-Alltag ab. Magnus und Shanti überreden mich, für heute Schluss zu machen und ein Bier mit ihnen zu trinken.

»Wir laden dich auch absolut ein!«, sagt Magnus und klappt feierlich seinen Laptop zu.

In dieser Nacht wird von einer Tafel ein Buchstabe gestohlen. Das ›k‹ von »Das Leben ist kein Ponyhof«.

6.

ÖLHALTIGE EMULSION ODER WÄSSRIGE LÖSUNG

»Ich putzen Keller und ich denken, irgendwas sein komisch. Gleich so ein Gefühl von Fantasma, Gefühl von meine Oma!« Dolores, unsere kleine, quirlige spanische Reinigungskraft, atmet kräftig durch die Nase ein, die Nasenhöhlen sind durch ihr heftiges Weinen alles andere als trocken und frei. Immer wieder holt sie stotternd und aufheulend Luft, auch durch den Mund, ihre Unterlippe flattert dabei.

»Ich gucke hier, und da steht Frau mit Haut blanco, Kittel blanco, und eine Kerze in Hand und gucken so von unten.« Sie spielt die Szene nach. Sie steht am unteren Ende der Kellertreppe, an die Wand gelehnt und von Milena im Arm gehalten. Dolores ist kleiner als Milena, aber im gleichen Alter. Ihre spanischen Wurzeln sind unverkennbar. Ihr schweres, glattes, schwarz glänzendes Haar bindet sie zu einem festen Zopf, während sie arbeitet. Beim Einstellungsgespräch trug sie es offen. Ihre Augen sind groß und wachsam, sie sehen aus wie mit Kajalstift umrandet, sind jedoch ungeschminkt. Ihr Oberkörper hat etwas leicht Kastenförmiges, die Kittel, die sie trägt, unterstützen das. Ein energisches Wesen, das stets weiß, was es will.

Auf der Kellertreppe sitzen, wie im Theater, hintereinander Shanti, Magnus und ich, Reihe eins bis drei. In der Reihenfolge des jeweiligen Erscheinungszeitpunkts. Ich befinde mich so weit oben, dass ich meinen Kopf ein wenig nach unten recken muss, damit die Kellerdecke die Szenerie, die ich immer noch nicht ganz begreife, nicht verdeckt. Ich kam als Letzter und habe den Beginn der Aufführung verpasst.

»Was ist denn hier eigentlich los?«, flüstere ich Magnus, dessen Kopf sich zwischen meinen Knien befindet, ins Ohr.

Er dreht sich zu mir um und informiert mich sehr leise: »Sie hat eine Erscheinung gehabt, eine absolute Geistererscheinung hier im Keller. Es spukt!« Er deutet in eine Ecke des Kellers, die von hier aus nicht einsehbar ist. Ich kann immer noch nicht begreifen, was hier gerade vor sich geht.

Nach der kurzen Fahrt von meiner Wohnung zum Rosenthaler Platz mit dem Fahrrad fühle ich mich einigermaßen erschöpft. Der Septembermorgen ist frisch, aber immer noch sommerlich, der Herbst lässt sich deutlich erahnen. Feuchtkühle Luft weht durch die Straßen, immer wieder wird die Sonne von dunklen, schnell ziehenden Wolken verdeckt. Ich freue mich auf den Herbst. Ich hoffe, dass es sich bei meinem Café eher um einen Schlechtwetterladen handelt und sich mit Eintreten der neuen Jahreszeit mehr Gäste einfinden werden.

In den Schläfen spüre ich meinen Puls. Selbst kleine Mengen Alkohol vertrage ich anscheinend nicht mehr gut.

»Verdammt, das war eine verdammte Fantasma, eine Geist. Eine böse, böse Geist!« Dolores' spanisches Temperament kommt zurück. Sie trocknet ihr Gesicht mit den Oberseiten ihrer Unterarme. Milena hat sie losgelassen, damit sie besser spielen kann. Dolores schaut grimmig mit verzerrten Mundwinkeln und halbzugekniffenen, zitternden Augenlidern von unten nach oben und hält eine nicht vorhandene Kerze in beiden Händen vor der Brust. Eine Zeitlang verharrt Dolores in ihrer Pose, dann entspannt sie sich.

»Sie hatte auch keine Schuhe an und blieb lange vor Dolores stehen, die sich vor Schreck nicht rühren konnte. Deshalb schloss sie die Augen, und als sie sie wieder öffnete, war das Gespenst verschwunden.« Milena spricht zum Publikum wie eine Erzählstimme aus dem Off. Dolores nickt zustimmend mit ihrem gesamten Oberkörper, während Milena fortfährt, den Vorfall zu schildern.

»Hallo? Ist hier jeöffnet?«

Außer mir scheint niemand diese Frage gehört zu haben. Ich kann die Situation im Keller nicht einschätzen, ich will sie nicht unnötig verkomplizieren. Ich laufe um den Speisefahrstuhl herum, der sich im Durchgang zwischen Tresen und Küche befindet, halte mich an ihm fest, stecke nur den Kopf in den Tresen, während der Rest meines Körpers in der Küche bleibt.

Während der Sanierung entdeckten Handwerker den zugemauerten ehemaligen Fahrstuhlschacht mit schweren Gegengewichten und verrosteten Drahtseilzügen. Leider musste der Speisefahrstuhl neu erbaut werden, die alte Technik war nicht zu retten. Unten im Schacht lag eine alte Tasse und eine Zeitung von 1928.

»Der Chef persönlich! Dit is ja eene Ehre! Womit ham wan dit vadient?«

Die Zwillinge vom Nagelstudio stehen am Tresen. Die beiden eineiigen Schwestern schauen sich suchend um, wobei ihr Blick auch auf Stellen fällt, an denen sich rein physikalisch betrachtet keine Kellner befinden können. Hätte ich gewusst, dass es sich um die beiden handelt, hätte ich jede Verkomplizierung des Kellertheaters billigend in Kauf genommen.

»Komme sofort!« Ich winke freundlich in den Tresen, drehe mich in die Küche, blicke zur Decke und auf die Kellertreppe, die immer noch das gleiche Bild zeigt, und stelle mich freiwillig. Sobald ich den Tresen betrete, schalte ich um auf Autopilot, Eiskunstläufern gleich, die selbst lächeln, wenn sie auf das Eis stürzen.

»Mensch, Chef, läuft langsam bisschen besser, wie man so sieht und so hört, wa?«

Die Schwestern sprechen meist in sauberem Wechsel, erst die eine, dann die andere. Schräg gegenüber in der Torstraße betreiben sie ein Geschäft für Maniküre und Pediküre, kurz Nagelstudio, seit Ende der siebziger Jahre, also bereits fünfundzwanzig Jahre lang. Sie sind Rosenthaler-Platz-Urgesteine, hatten sich mir schon während der Bauphase vorgestellt, die neuen Nachbarn. Sie kennen viele Geschichten über den Platz und konnten ihr Nagelstudio auch im Sozialismus immer als privaten Betrieb führen. Laut eigener Aussage war den Frauen in der DDR die Pflege der Hände und Füße außerordentlich wichtig, und die Geschäfte liefen gut.

Sie tragen meist unterschiedliche Kleidung, die aber farblich aufeinander abgestimmt ist. Adrette Frauenkostüme, etwas altertümlich, mit Hollywoodeinschlag, Sonnenbrillen gerne auch bei schlechtem Wetter. Die kurzen, sichtlich gefärbten Haare sind stets akkurat frisiert. Sie besitzen einen kleinen faltigen Hund, der auf den Namen Püppi hört und der selten selber läuft, sondern in der Regel bei einem der beiden auf dem Arm sitzt. Püppis Zunge hängt ständig hechelnd aus dem Mund. Die Zwillinge sehen jünger aus, als sie sind, ich schätze sie auf Anfang fünfzig. In einer festen Beziehung stecken sie bloß mit sich selber. Sie verkörpern so etwas wie ein privates Ordnungsamt am Rosenthaler Platz.

»Ja, doch, kann man so sagen, vor allem die Abende werden besser. Und ich glaube, wenn jetzt erst mal der Herbst richtig losgeht, dann steigen auch die Umsätze.«

»Vastehe. Dann musste vielleicht ooch nücht ma selba inn Tresen?«

Heute sind sie in Hellblau gekleidet, die Nägel auch.

»Das ist jetzt nur ein Notfall. Die Mitarbeiter haben im Keller zu tun.«

»Wat is denn so Wischtijet im Keller, dass du hier oben den Laden schmeißt? Brennt dit da unten?« Sie lachen sich gegenseitig an.

»Was wollt ihr denn bestellen?« Ich versuche die Neugierde der beiden zu ersticken.

»Oh, scheint ja wat janz Jeheimet da im Jeheimkeller zu sein, wa?«

Das sagen sie zu sich, nicht zu mir. Die Zwillinge sprechen oft so miteinander, als sei man gar nicht anwesend, lautes Denken. Dabei wirken sie wie zwei kommunizierende Hirnhälften, der dritte Gesprächsteilnehmer dient als Balken, der die beiden Hälften verbindet, er lernt das Gefühl kennen, das man haben muss, wenn man Gedanken lesen kann.

»Ja, sehr jeheim, wiet aussieht!«, antwortet die andere Gehirnhälfte. Ich überlege, welche von beiden die linke, also eher rationale, und welche die rechte, eher emotionale Hälfte repräsentiert.

»Ach, nichts Dramatisches«, sage ich. Ich gebe mich geschlagen, will diesem öffentlichen inneren Monolog nicht weiter ausgesetzt sein. »Unsere Putzfrau hat eben angeblich ein Gespenst im Keller gesehen.«

In dem Moment, in dem ich es ausspreche, komme ich mir lächerlich vor und wundere mich über mich selber. Die Szene, die sich da im Keller abspielt, ist völlig absurd, und ich sollte nicht nach außen tragen, dass ich Mitarbeiter habe, die an Gespenster glauben. Und dann serviere ich diesen Sachverhalt auch noch brühwarm den Sheriffs vom Rosenthaler Platz. Mit den Effekten des viralen Marketings kenne ich mich aus. Bevor die Zwillinge sich über mich lustig machen können, setze ich nach: »Eine spanische Putzfrau vom Lande. In Spanien glauben die an so einen Quatsch! Was darf es denn nun sein, meine lieben Nachbarn?«

Die Zwillinge schauen sich an und sagen eine Zeitlang gar nichts.

»Der weiß wohl nicht, was hier schon alles passiert ist«, setzen sie nach einer Schweigeminute an. »Da sollten wir ihm mal eine kleine Nachhilfestunde geben.«

Unwillkürlich weckt das meine Neugierde, gleichzeitig überfällt mich ein leichtes Gruseln. Die Zwillinge sprechen Hochdeutsch und sind todernst dabei.

»Jetzt habt ihr mich aber neugierig gemacht.« Vielleicht kann ich sie an meine Anwesenheit erinnern und ermuntern, direkt mit mir zu sprechen. Ich winke mit meiner Hand neben meinem Kopf.

»Also pass mal uff, Kleener. Dieset Haus hier, deine Bude, dein Kaffeeboot, oder wie auch immer. Das hat eine lange und aufregende Geschichte hinter sich. Hier hat sich so einiges abgespielt.«

Wenn sie Hochdeutsch reden, bekommen ihre Aussagen eine gewisse Strenge und Wichtigkeit. Klein komme ich mir vor. Und ängstlich. Ich versuche mich wie ein Erwachsener zu benehmen: »Das weiß ich doch …«

»Aber du weißt nicht alles.« Jetzt spricht der andere Zwilling. »Zu Nazizeiten ist hier mal eine Putzfrau während der Nachtschicht im Keller verstorben. Das hat man tagelang nicht bemerkt, erst am Verwesungsgeruch, die muss wohl an einer ganz ungünstigen Stelle gelegen haben.«

Verschiedene abseitige Stellen des verwinkelten Kellers tauchen vor meinem geistigen Auge auf.

Der andere Zwilling schließt den Bericht ab: »So, nu weeste n bisschen besser Bescheid.«

»Aber was soll das denn mit dem Gespenst im Keller zu tun haben?« Nun will ich alles wissen.

Leider haben die Zwillinge die direkte Ansprache nach außen zu diesem Thema offiziell abgeschlossen. »Der kleene

Wessi schnallt dit nich!« Das ›nich‹ wird besonders langgezogen und der Kopf nach vorne gebeugt, die Augen aufgerissen. Die andere Schwester schüttelt mit verkniffener Miene den Kopf.

»Wat wolln wa nu trinken, noch n Kaffee?«, fragt die eine.

»Ja«, sagt die andere, »der is ja janz lecker hier.«

Wieder Ansagerwechsel, wie in modernen Nachrichtensendungen: Und jetzt der Überblick.

»Zwei Kaffee!« Dabei hält sie zwei Finger der rechten Hand nach oben, wie ein Victoryzeichen. Ihr Blick rutscht von mir ab, sie schaut an mir vorbei, die Augen stellen auf etwas scharf, das sich hinter mir befinden muss. In dem Moment fasst mich jemand an die Schulter, ich zucke zusammen.

»Für hier oder zum Mitnehmen?« Magnus' Stimme ertönt wie von weit entfernt, obwohl er nahe bei mir ist.

Hätten sie bei mir bestellt, wäre mir die Frage gar nicht in den Sinn gekommen.

»Zum Mitnehmen, oda?« Die beiden Hälften nicken sich zu. »Mitnehmen! Wir müssen Püppi noch umm Block bringen, bevor wa uffschließen.«

»Ja, gerne, mach ich sofort«, sagt Magnus freundlich professionell. »Darf es sonst noch was sein?«

»Nee, lass ma, danke.«

»Das macht dann drei Euro, bitte.« Magnus wendet sich der Kaffeemaschine zu, während die Zwillinge in ihrem Portemonnaie Kleingeld zusammensuchen.

Fasziniert schaue ich Magnus' sicheren Handgriffen zu. Er hat mich in ein Beschäftigungsvakuum gestoßen, ich verabschiede mich höflich. Abwesend nicken die Zwillinge, vielleicht als Reaktion auf meinen Gruß. Die Kaffeemaschine brummt beruhigend.

In der Küche sieht es aus, als hätte jemand alle Töpfe, Pfannen und Kleingeräte ausgepackt und zu Präsentationszwecken arrangiert, vergleichbar dem Verkaufsstand einer Haushaltsauflösung. Shanti sucht den großen Schneebesen, er will Birchermüsli nachproduzieren. Dolores und Milena stehen am Fenster. Die Vorführung im Keller ist also beendet.

»Dolores, was ist denn nun eigentlich passiert?« Ich wundere mich über meine Gereiztheit. Aber hier sollte schnellstmöglich Arbeitsalltag einkehren, schon wieder vergeude ich Zeit mit den Wehwehchen meiner Angestellten. Ich werde die Gespenstergeschichte schnell auflösen.

»Dolores hatte heute Nacht im Keller eine Erscheinung. Als sie dort putzen wollte, stand plötzlich eine Frau vor ihr, die sie noch nie gesehen hatte.« Erneut übernimmt Milena für Dolores das Sprechen, die bei dem Wort ›Frau‹ heftig aufheult. An Fadogesänge erinnern die Laute, die sie von sich gibt.

»Nun gut.« Ich versuche einzulenken, das muss sich doch klären lassen. »War das vielleicht ein übriggebliebener Gast oder ein sehr früher Lieferant? Was hat die Frau denn gesagt?«

»Dolores«, Milena beugt sich zu ihr hinab und spricht etwas lauter, sehr deutlich und langsam, »hat die Frau was zu dir gesagt? Nein, oder?«

Dolores schüttelt den Kopf.

»Sie hat nichts gesagt«, berichtet Milena.

Gestern hatte ich noch gedacht, Milena endlich Zaumzeug angelegt zu haben. Über Nacht hat sie es wieder abgestreift und scheint unbändiger denn je zu sein. Dass Dolores an Übersinnliches glaubt, kann ich akzeptieren. Aber Milena reitet auf dieser Welle, um wieder einen Ausnahmezustand zu kreieren, mit dessen Hilfe sie das Café nach ihren Vorstellungen leiten will.

»Wenn das mein Laden wäre, würde ich ein Medium herbestellen, um die Angelegenheit zu klären. Damit ist nicht zu spaßen.« Shanti sucht noch immer den großen Schneebesen, auch für ihn ist die Geschichte realistisch und völlig normal.

»Nein, wir brauchen kein Medium, weil es hier keine Gespenster gibt.« Ich werde unruhig, ich kann nicht glauben, worüber ich gerade mit erwachsenen Menschen spreche, mit Menschen, mit deren Hilfe ich ein Unternehmen aufbauen will. »Das Gespenst ist weg. Besser gesagt, es war nie da. Es ist nur eine – wie soll ich sagen – wie eine Fata Morgana. Lasst uns einfach abwarten, es wird nichts mehr vorfallen, das garantiere ich.«

Es gelingt mir nun besser, meine Gereiztheit zu unterdrücken. Die Lage beruhigt sich, ein Rest von Vernunftgefühl macht sich in der Küche breit.

»Das mit der Naziputzfrau ist ja der Hammer. Kein Wunder, dass die absolut da in dem Keller wohnt!« Magnus kommt aufgeregt herein und zertrampelt mein kleines Pflänzchen Vernunft, das ich gerade zärtlich aufgezogen hatte.

Magnus erzählt die Spukgeschichte der Zwillinge, alle sind erschrocken, reden durcheinander. Dolores hält die Hände vor das Gesicht und murmelt spanische Gottesanrufungen, Magnus redet von schwarzer Magie der SS und Milena von Realitätsverlust, Shanti sagt immer wieder nur das Wort ›Medium‹, und ich sage nichts.

Dolores stellt sich sehr nah vor mich und schaut mich böse an.

»Du nix sagen von böse Naziputzfrau, du sagen Dolores balla balla.« Mit ihren Fäusten trommelt sie auf mich ein. Behutsam, aber bestimmt halte ich ihre Hände fest, sie heult auf, dreht ihren Kopf zur Seite, sinkt nach vorne und legt ihr Gesicht bebend, erschöpft schluchzend auf meine Brust. Ihre

Hände, die ich immer noch halte, sind klein, kräftig und ausgesprochen rau.

Alle sind verstummt. Magnus löst Dolores aus meinem Griff, umarmt sie und stellt sich ein wenig abseits mit ihr, soweit das in der Küche möglich ist. Sie scheint den Brustwechsel nicht zu bemerken. Milena fährt mich an: »Hast du von der Naziputzfrau gewusst?«

»Wer sagt denn, dass die arme Frau ein Nazi war? Nur weil sie in den dreißiger Jahren in Berlin gelebt hat? Lasst doch bitte einen Fachmann entscheiden, ob es hier spukt oder nicht. Ich werde mit einem Medium einen Termin vereinbaren.« Milenas Frage weiche ich aus, ich will das Thema endlich beenden.

Draußen haben sich die einzelnen grauen Wolken am Himmel zu einem Teppich verdichtet, der die Morgensonne verdeckt, unwirkliches, apokalyptisches Licht fällt durch das Küchenfenster herein, es ist fast so dunkel, als wäre es bereits Abend. Ich schalte das große Neonlicht an der Decke ein. Alle blinzeln ein wenig und wirken, als wären sie gerade aufgewacht.

Shanti streckt mir sein Mobiltelefon entgegen: »Ist schon gewählt, du musst nur noch warten, bis das Medium abhebt, dann kannst du gleich einen Termin ausmachen.«

Es ist so ruhig, dass man das Freizeichen hören kann. Ich nehme das Telefon entgegen, drücke den roten Knopf.

»Ich rufe heute noch an, das verspreche ich. Aber nicht jetzt.«

Ein heftiger Platzregen beginnt zu fallen und unterlegt alles mit dumpfem, sattem Rauschen, das durch das geschlossene Fenster dringt.

»Ich nicht balla balla, ich kann sehen Gespenst. Ich nicht mehr arbeiten alleine in Keller. Ich jetzt kommen später morgens, erst wenn Shanti da«, protestiert Dolores.

Ich nicke müde.

»Du musst was unternehmen, das musst du mir versprechen. Dolores tut mir sehr leid und ich … ich hatte auch schon oft ein merkwürdiges Gefühl hier im Laden. Vielleicht ist das ja der Fluch, der immer wieder für das Scheitern in diesem Haus sorgt?«

Milena ist außerordentlich engagiert und überzeugt von dem, was sie sagt. Sie tritt behutsam an mich heran und streichelt mir kurz sanft über die Brust, als wolle sie fühlen, ob die Flecken von Dolores Tränen echt seien. Shanti und Magnus stimmen ihr schweigend zu. Mit allen möglichen Problemen hatte ich gerechnet und die meisten davon auch bekommen. Mit einer herumspukenden Naziputzfrau, vielmehr mit Mitarbeitern, die an eine angeblich herumspukende Naziputzfrau glauben, hatte ich nicht gerechnet. Auch dafür werde ich eine Lösung finden.

»Ich kümmere mich um das Problem, Milena, das verspreche ich dir. Aber bitte geht jetzt zurück auf eure Gefechtsstationen.« Ich klatsche in die Hände. »Falls du den Schneebesen noch suchen solltest, Shanti, der hängt dort über dem Herd.«

Wie aufgescheuchte Tauben unter Morphiumeinfluss beginnen meine Mitarbeiter, sich langsam und mürrisch zu bewegen, sie strecken und sie mühen sich, es gibt nichts Bedrohlicheres für sie als den normalen Arbeitsalltag. Milena nehme ich fest in den Arm und schiebe sie in Richtung Tresen, lasse sie los, gebe ihr einen kleinen Schubs, und sie geht selbständig weiter. Magnus folgt ihr, Shanti nimmt seufzend den großen Schneebesen von der Wand. Während er das Müsli anrührt, beseitige ich das Chaos in der Küche, das er während seiner Suche angerichtet hat. Als Gastronomieneuling komme ich mir immer wieder vor wie ein kleines Kind in einer Küche von Erwachsenen. Die Geräte sind alle deutlich größer, als man das aus dem Hausgebrauch kennt. Der Herd, der Mixer, die Töpfe, die Verpackungseinheiten und auch der Schneebesen.

»Das Medium legt mir ab und zu die Karten«, berichtet Shanti, während er rührt. »Alles, was es vorhersagt, trifft auch ein. Den Job hier hatte es auch prophezeit. Dass es hier nicht mit rechten Dingen zugeht, ist doch offensichtlich.«

Er hebt den Schneebesen, zeigt mit der anderen Hand darauf und blickt mich bestätigungssuchend an. Dann reicht er mir zwei Zettel. Das eine ist eine Liste mit Lebensmitteln, die ich nachkaufen soll. Das andere Blatt trägt die Telefonnummer des Mediums. Darunter hat er geschrieben: »Ruf an!«

Dass ich Lebensmittel nachkaufen muss, ist ein gutes Zeichen. Allerdings befindet sich ein Großteil davon nun in den Verdauungstrakten von Frau Melanowski und ihren Freundinnen im St.-Antonius-Stift, ohne Umsatz erzeugt zu haben. Die Lieferanten werden uns erst nach Begleichung der offenen Rechnungen wieder beliefern, dann auch nicht mehr auf Kommissionsbasis, sondern gegen Barzahlung. Wenn ich aber die alten Kommissionsrechnungen begleiche, bleibt kein Geld für die Barzahlung. Das bedeutet Einkauf im Supermarkt.

Im Beisein von Shanti rufe ich das Medium an. Meine letzte Hoffnung ist, dass es mir schon am Telefon Entwarnung geben kann und die Sache damit auf dem kleinen Dienstweg erledigt wird. Shanti wäre dann mein Zeuge.

In der Telefonnummer befinden sich drei Sechsen hintereinander. Ich frage mich, ob das Zufall oder Marketing ist, als sich eine Frau mit einer jungen, frischen Stimme meldet. Erwartet hatte ich einen rauen, dunklen, alten Klang. Bevor ich ihr den Vorfall schildere, stelle ich klar, dass ich nicht an Gespenster und sonstige Geistererscheinungen glaube, sich in meinem Team aber Mitglieder befänden, die das gänzlich anders sähen. Ich würde deshalb Unterstützung von ihr erhoffen und ihren Rat benötigen. Meinem Wunsch nach fernmündlicher Klärung der Angelegenheit im Sinne einer Service-Hotline kann sie leider nicht Folge leisten.

»Diese Telefonmethode, von der Sie sprechen, ist mir völlig unbekannt. Nur ein Ortstermin kann hier Gewissheit verschaffen. Wenn es denn so dringend ist, kann ich gleich morgen früh um neun Uhr vorbeikommen.«

Offenbar an Ungläubige gewöhnt, informiert sie gelassen und ruhig, ohne jeden Versuch, mich zu missionieren. Ich gebe mich geschlagen.

»Morgen um neun ist perfekt!«

Shanti nickt mir zufrieden zu und rührt meditativ im Birchermüsli.

Eine kleine Schlange von drei Gästen steht vorne am Tresen. Magnus bedient sie. Einige Tische sind schon besetzt. Er verrichtet seine Arbeit zügig.

Milena steht weiter hinten im Tresen und spricht mit Howard Carpendale. Dieses Problem sollte gelöst sein. Sie hat, seit ich sie aus der Küche geschoben habe, noch kein großes Wegstück zurückgelegt. Es fällt mir schwer zu entscheiden, was wichtiger ist: dass sich Milena mit dem amerikanischen Gast gut versteht oder dass unsere neuen Gäste in der Schlange nicht lange warten müssen. Ich löse das Problem, indem ich selber nach vorne gehe und bediene.

Um die erste Bestellung zu produzieren, stelle ich mich zu Magnus an die Kaffeemaschine. Jeder von uns benutzt eine Gruppe der Maschine. In den letzten Tagen hatte ich es schon bereut, eine große zweigruppige anstatt einer viel günstigeren eingruppigen gekauft zu haben. Aber der Verkäufer hatte mir unbedingt zu einer größeren Macchina geraten.

Nun stehe ich mit Magnus vor dem guten Stück. Es ist das Herzstück des Tresens, der Tresen ist das Herzstück des Cafés. Ich befülle den Siebträger mit frisch gemahlenem Espressopulver und hänge ihn in die Brühgruppe ein. ›Halbautomatische Espressomaschine‹ ist die korrekte Bezeichnung für das Gerät. Mit Automatik ist lediglich gemeint, dass die Wassermenge elektronisch gesteuert wird. Auf Knopfdruck wird das heiße Wasser mit hohem Druck durch das Espressopulver im Siebträger gepresst. Die Zeit, die das Wasser benötigt, um die psychotrope, koffeinhaltige Substanz zu passieren, ist entscheidend für die Qualität des Kaffees. Ist sie zu kurz, wird er zu sauer, ist sie zu lang, wird er zu bitter. Wird das Getränk mit einer professionellen Maschine zubereitet, ist es, wissenschaftlich betrachtet, eine ölhaltige Emulsion und nicht, wie bei normaler Zubereitung, eine wässrige Lösung. Darauf beruhen die grundlegend unterschiedlichen Geschmackserlebnisse.

»Lass mal gut sein. Es geht absolut besser alleine.« Magnus klopft mir auf die Schulter, so dass der Kaffee in der randvollen Tasse, die ich bereits in der Hand halte, um sie vorsichtig zum Kunden zu balancieren, überschwappt.

Ich lächele den Gast entschuldigend an, er hat den Vorgang beobachtet. »Na, den machen wir gleich mal wieder frisch«, sage ich. »Magnus, kannst du das bitte übernehmen? Eine Tasse Kaffee für den Herrn dort drüben.«

Mit der Tasse in der Hand gehe ich an Milena vorbei, die immer noch mit Howard Carpendale spricht, sich aber bereits in der Verabschiedungsphase befindet. Sie hält eine Visitenkarte des Porno-Cutters in den Händen und entlässt ihn mit Küsschen links, Küsschen rechts.

Ich schütte den Kaffee weg und stelle Tasse und Untertasse in den geöffneten Speisefahrstuhl, der in ruhendem Zustand als Durchreiche zwischen Tresen und Küche genutzt wird.

Milena klatscht in die Hände, zwinkert mir zu, Daumen hoch, und stürmt nach vorne, um den Rest der kleinen Gastschlange abzuarbeiten.

7.

FIT

Fit am Rosenthaler Platz, so heißt das Sportstudio direkt gegenüber auf der anderen Seite. Das Eckhaus, in dem es sich befindet, hat eine sehr breite Front, es steht im Fünfundvierzig-Grad-Winkel zu Brunnen- und Torstraße. Das Sportstudio füllt das gesamte erste Stockwerk aus. Es ist schon recht lange an diesem Ort, authentisch in der Tradition des Rosenthaler Platzes. Konzeptionelle Nähe besteht eher zu den Imbissbuden in unmittelbarer Umgebung als zum schräg gegenüberliegenden Yogazentrum in der Torstraße. Schick ist es hier nicht, eher räudig. Die Klientel entspricht einerseits dem Interieur, andererseits mischt sich zwangsläufig echtes, klassisches Berlin-Mitte-Hipster-Publikum darunter.

Die Laufbänder sind so an den Fenstern positioniert, dass die Läufer auf den Platz schauen und damit auf das Gebäude, in dem sich das Café befindet. Auf einem dieser Laufbänder befinde ich mich.

Nach der Geisterscheinung zog es mich nach draußen, raus aus meinem Laden. Ich bin wütend und fühle mich fremdgesteuert. Ich tue Dinge, die ich nicht tun möchte. Vielleicht hätte ich besser einfach mal auf den Tisch gehauen und autoritär reagiert. Bei dieser Vorstellung überkommt mich Schamgefühl. In letzter Zeit flüchte ich öfter mal in das nahegelegene Sportstudio, um durch körperliche Ertüchtigung die Nerven zu beruhigen.

Nachdem ich die Situation geklärt hatte, schnappte ich mir im Keller mein Sportzeug und ging durch den Lieferantenausgang hinaus. Wann und wo ich Sport treibe, müssen meine Mitarbeiter nicht wissen. Auch nicht, welchen Ausblick ich dabei habe.

Das Fenster, durch das ich blicke, ist angekippt, es strömt feuchte, kalte Luft herein. Sie ist kräftig vermischt mit Zwiebel- und Knoblauchgeruch, direkt unterhalb befindet sich einer der drei Dönerimbisse am Platz, der schon morgens konsequentes Duftmarketing betreibt.

So wie ich die Lage von hier aus bewerten kann, haben Milena und Shanti sich in die Nähe von Magnus an den Tresen gesellt. Immer wieder kommen Gäste herein, aber meine Freude darüber schlägt um in Entsetzen. Nachdem Milena die ersten Gäste aufmerksam und höflich bediente, ist sie etwas später von der Unterhaltung mit Magnus und Shanti so abgelenkt, dass sie einen Gast missachtet. Er muss durch Handzeichen auf sich aufmerksam machen, dann erst wendet Milena sich ihm zu. Shanti verschwindet gleichzeitig in die Küche, als würde er durch den Gast an sein Birchermüsli erinnert.

Anschließend stehen Magnus und Milena dicht beieinander, Magnus berührt sie mehrmals an der Hand, einen Nasen-Eskimokuss darf ich gar beobachten. Der Maßstab, den ich hier sehe, entspricht ungefähr Märklin H0, mein Blick wackelt durch die Laufbewegung, vielleicht handelt es sich um eine optische Täuschung.

Fahranfängern ähnlich, die beim Blick über die Schulter auch das Lenkrad in die gleiche Richtung drehen, setze ich unwillkürlich die Laufrichtung der Blickrichtung gleich, mein Laufrhythmus gerät aus dem Gleichgewicht. Durch zwei, drei schnelle Korrekturschritte verhindere ich einen Sturz. Die anderen Laufbandkollegen tun so, als hätten sie nichts bemerkt.

Die Geistergeschichte der Zwillinge ist in den letzten Jahrzehnten sicher mündlich überliefert worden, so wie es derzeit in meinem Café praktiziert wird. So absurd, wie sie ist, so schnell mag sie wieder verschwinden. Wer will denn wissen, ob die wiedergängerische Reinigungskraft in der NSDAP war? Naziputzfrau! Das hatten die Zwillinge gar nicht so dargestellt. Soll Dolores doch bei ihrer nächsten Begegnung das Gespenst mal fragen, wie es zur Partei stand!

Wieder winkt ein Gast nach Milena, Magnus hält sie kurz am Arm und geht statt ihrer in den Tresen, sie soll mal eine Pause machen können. Er läuft eng hinter ihr vorbei, und ich meine zu erkennen, dass er im Vorübergehen mit seiner Hand ganz leicht ihren Po berührt.

Mir fällt ein, dass ich gar nicht weiß, ob Magnus eine Rote Karte besitzt. Die Rote Karte ist der Nachweis über die Belehrung nach dem Infektionsschutzgesetz, die jeder Mensch, der beruflich mit der Verteilung von Lebensmitteln zu tun hat, an seiner Arbeitsstätte hinterlegen muss. Ist sie bei einer Kontrolle des Hygieneamtes nicht vorhanden oder später nachweisbar, so werden empfindliche Bußgelder fällig. Für den Betreiber, nicht für den Mitarbeiter, wohlgemerkt.

Endgültig vom Laufband treibt mich die nächste Szene. Wieder wird ein Gast missachtet, aber der macht sich nicht die Mühe, nach der Bedienung zu winken, sondern verlässt das Café, ohne etwas bestellt zu haben. Milena und Magnus unterhalten sich angeregt, dabei rauchen sie eine Zigarette.

Den kleinen, recht schmutzigen Duschraum ohne Tageslicht teile ich mir mit zwei echten Gorillas. Extrem muskulös, aber auch extrem bauchig. Feste, dralle Kugeln tragen sie vor sich her, nicht schwabbelig, sondern stramm.

Durch ihre laut geführte Duschunterhaltung erfahre ich, dass die beiden bei einem privaten Sicherheitsdienst arbeiten, der für die Drogeriemarktkette Schlecker tätig ist. So sehen also die Menschen unter den grauen Lederoveralls aus, die mit ihren Mopeds oft im Stadtbild zu sehen sind und stichprobenartig Schleckerfilialen überwachen. An Tätowierungen wurde bei beiden nicht gespart. Der eine trägt einen Bürstenschnitt, dessen obere Hälfte wasserstoffblond gefärbt ist.

In ihrem Gespräch geht es nicht um Sicherheitsbranchenfachsimpelei, sondern vornehmlich um die Mitarbeiterinnen der Filialen. Von den Schlecker-Mitarbeiterinnen begehren und umwerben sie die eine oder andere. In manche Filialen scheinen sich die begehrenswerteren Modelle regelrecht zu häufen.

»Auf meiner Dienstagstour ziehe ich nun schon seit einem Monat in der Filiale Raumerstraße immer wieder die gleiche Nummer ab. Bei der kleinen Brünetten.« Er blickt seinen Kollegen an, der ihm zunickt, er weiß, welche Brünette gemeint ist. »Jedenfalls kaufe ich am Ende der Runde immer eine Zwölferpackung Kondome, die ›Durex Performa XXL‹, die mit dem Tacho vorne drauf.« Wieder blickt er seinen Kollegen an, und der weiß wieder, was gemeint ist. »Jede Woche lege ich die Dinger bei ihr auf das Kassenband, und sie bongt sie ein, ohne mit der Wimper zu zucken. Keine Regung. Nichts. Ist das zu glauben?«

Der Kollege schüttelt den Kopf. Ich wage nicht, durch eine Blickkontrolle zu überprüfen, ob die Kondomgröße angemessen ist oder nicht.

Bei Schlecker sind mir die weiblichen Mitarbeiter noch nie aufgefallen, nur, dass achtundvierzig Stunden vor dem ersten Mai konsequent alle Schaufenster aller Filialen mit Holz verbarrikadiert werden. Ob das auch für mein Café nötig ist?

Ich sehne mich nach dem Leben der beiden Gorillas. Wieso kann ich nicht einfach in einem grauen Lederoverall von einem Flirt zum nächsten fahren und dafür ein regelmäßiges

Einkommen erhalten? Aber zur Not kann ich das ja immer noch tun. Insolvenz anmelden, Moped fahren, flirten.

Als die beiden damit beginnen, sich am ganzen Körper zu rasieren, beende ich meinen Duschvorgang. Ich habe mit *meinen* Mitarbeitern einiges zu klären.

8.

FRISCHER SAFT UND SCHLECHTES WETTER

Mit der Sporttasche in der Hand rausche ich in mein Café. Der kleine Kater, das fehlende Frühstück, die unausgewogene, hohe Belastung im Fit-Sportstudio, das hilflose Gefühl gegenüber Mitarbeitern und Gespenstern, die Geldsorgen, all das überkommt mich, als ich Milena auf das Thema ›Aufmerksamkeit am Gast‹ ansprechen will. Traurig und klein fühle ich mich. Am liebsten würde ich alles hinschmeißen und zurückkehren in die Dusche, mich am ganzen Körper rasieren und über Schleckermädchen fachsimpeln. Schweiß rinnt über mein Gesicht.

Milena hat einen Gast bedient und kommt unvermittelt auf mich zu. Offen, fröhlich und gut schaut sie aus.

»Was ist denn mit dir passiert?«, fragt sie mit echtem Interesse. »Du bist ja knallrot und kreidebleich gefleckt. Wo kommst du denn her?«

»Vom Sport«, gebe ich matt zurück und zeige auf das gegenüberliegende Haus. Mein Ärger ist Erschöpfung und Resignation gewichen. Milenas Blick folgt meiner Geste, sie versteht nicht, wo oder wie man in dieser Richtung Sport treiben könnte und schaut mich skeptisch an. Sie tupft mir mütterlich mit einer Papierserviette den Schweiß von der Stirn. Verwirrt erscheine ich ihr vermutlich. Ich habe es mit dem Sport übertrieben, mein Kreislauf droht abzusacken, das spüre ich nun erst, und Milenas besorgtes Gesicht bestätigt mir diesen Zustand.

»Ich mache dir erst mal einen frischen Saft. Das wird dir helfen.«

Der Zentrifugalentsafter direkt vor mir heult auf, Milena lässt in seinem zylindrischen Eingang einen Apfel, zwei geschälte Orangen, ein Stück Ingwer und eine große Möhre verschwinden. Unter dem Eingang befindet sich eine mit hoher Geschwindigkeit und kräftigem Drehmoment rotierende Metallscheibe mit etlichen kleinen Messern darauf. Diese Messer zerrreißen und zerhacken die Frucht, sie spalten sie derartig auf, dass sich Festes von Flüssigem trennen kann. An die Metallscheibe schließt sich ein konisch geformtes, engmaschiges Sieb an. Die Flüssigkeit wird durch die Zentrifugalkraft nach außen durch das Sieb gedrückt und in einer Kammer gesammelt, deren Ausguss das Saftglas befüllt. Der feste Bestandteil der Frucht kann nicht durch das Sieb hindurch und wird aufgrund der gleichen Kraft und der konisch erweiterten Form immer weiter nach oben verschoben, bis er, über den Rand geschleudert, in die Tresterkammer gelangt, die hin und wieder geleert werden muss.

Am ehesten lässt sich der Vorgang mit dem Schleudern von Wäsche vergleichen. Nur die Wertigkeit der Produkte steht im Gegensatz. Bei der Wäsche ist das Feste das Wertvolle, das zu Erhaltende.

Milena stellt ein großes, mit frischem Saft gefülltes Glas vor mich auf den Tresen, darin steckt ein dicker, transparenter Plastikstrohhalm.

»Nun erzähl doch mal, was ist denn passiert? Hast du auch eine Erscheinung gehabt?«

Magnus rückt näher an mich heran, ursprünglich saß er auf der anderen Seite des Tresendurchgangs. Er legt fürsorglich einen Arm um mich. Aufgrund der Kreislaufprobleme ist mein Blickfeld etwas eingeschränkt. Die Umarmung ist gut gemeint, aber unvermittelt steigern meine Schweißporen ihre Produktion. Sanft schiebe ich Magnus' Arm beiseite, ich kann nichts sagen, da ich mich zu schwach fühle. Ich entledige mich meiner Jacke und meines Pullovers und sauge gierig an dem frischgepressten Saft. Schlagartig geht es mir etwas besser. Unterdessen bedient Milena einen Gast, so wie ich es mir wünsche: aufmerksam, zügig und freundlich. Kleiner Smalltalk. Vielen Dank, auf Wiedersehen. Bis bald mal wieder.

»Milena, du musst bitte mehr auf den Tresen vorne achten, auf die Gäste.« Meine Stimme klingt heiser, ich räuspere mich. Milena schaut mich an, als hätte sie mich nicht verstanden, folglich wiederhole ich den Satz lauter.

Milena sieht Magnus an, der sagt: »Du, das war alles absolut ein bisschen viel heute Morgen. Für uns alle insgesamt. Aber die Milena, die ist super aufmerksam mit die Gästen. Das stimmt gar nicht, was du da sagst.«

Er legt dabei eine Hand auf meine Schulter und neigt sich nach vorne, um mir direkt ins Gesicht blicken zu können.

»Magnus, ich glaube, das muss ich ausnahmsweise mal mit Milena alleine besprechen.«

»Na klar. Absolut kein Problem.« Er zieht sich wieder an das andere Tresenstück jenseits des Durchganges zurück.

»Aber was meinst du denn?«, fragt Milena ungläubig. Auch sie berührt mich, diesmal an der Hand. Ich bekomme eine leichte Ahnung davon, wie sich Missbrauchsopfer fühlen müssen.

»Ich meine damit, dass du einen Gast sofort bedienen musst, sobald er hereinkommt. Das ist wichtig.«

»Ja, das ist mir auch wichtig. Und das mache ich ja. Ich bin doch keine Anfängerin.«

»Vorhin musste ein Gast winken, um deine Aufmerksamkeit zu erhalten, und dann ist ein anderer, den du nicht gesehen hast, wieder hinausgegangen, ohne etwas zu bestellen.«

»Hier ist mittlerweile ja auch was los, da können schon mal Wartezeiten entstehen, das müssen die Gäste doch kapieren. Die wollen ja hier nicht wie bei McDonald's abgefertigt werden, und selbst da muss man warten. Ich habe ja auch hin und wieder andere Dinge zu tun, wie Gläser polieren zum Beispiel. Und den Gästen durch Gespräche ein gutes Gefühl zu vermitteln ist doch wohl auch wichtig? Vielleicht sollten wir morgens eine zweite Kellnerin im Tresen haben, wie abends.«

»Dass die Gäste sofort bedient werden und vor allem nicht wieder hinausgehen, ohne etwas zu kaufen, muss das oberste Gebot sein. Dafür müssen alle anderen Tätigkeiten unterbrochen werden. Wenn das mit der Entwicklung der Gästezahl so weitergeht, dann können wir tatsächlich überlegen, ob die Schichten morgens besser doppelt besetzt sein sollten. Aber im Moment können wir uns das finanziell gar nicht leisten. Also müssen erst mehr Gäste her. Und zwar indem du dich an das gerade geschilderte oberste Gebot hältst.«

»Da gebe ich dir recht, eine zweite Schicht morgens wäre eine echte Verbesserung. Fühlst du dich denn jetzt wohler? Warst du wirklich beim Sport?«

»Ja, ich habe es dort wohl etwas übertrieben. Machst du mir bitte noch einen Saft? Ich nehme ihn mit ins Büro.«

Mit dem zweiten Saft sitze ich, schon etwas gestärkt, an meinem Schreibtisch und erhole mich. Diese Sache hätte ich mit Milena geklärt. Mein Kreislauf stabilisiert sich. Im Lüftungsraum wird es dem Jahreszeitenwechsel entsprechend langsam kühler. Im Sommer war es stickig und warm. Es befindet sich keine Heizung hier. Einen strombetriebenen Ölradiator werde ich kaufen müssen.

Ich rufe Klamotte wegen des fehlenden ›k‹ an der Tafel an. Er will wissen, ob es irgendein ›k‹ aus dem Baumarkt sein darf, oder ob es ein bestimmtes ›k‹ sein muss. Ich bestehe auf einem passenden weißen ›k‹ vom Schildermacher. Klamotte gibt zu bedenken, dass der Schildermacher diesen Auftrag nicht für lukrativ erachten könnte. Ich ermuntere ihn, den Schildermacher trotzdem zu fragen. Auf die Naziputzfrau angesprochen, meint Klamotte nach einigem Zögern, sich erinnern zu können, dass da irjendwann mal irjendwat mal war, kann schon sein. Zum Abschluss will er wissen, ob das Baumarkt-›k‹ nicht doch ausreichend sei, auch im Hinblick auf deutlich geringere Kosten, was ich heftig verneine.

Kurz nachdem ich aufgelegt habe, besucht Magnus mich im Büro.

»Die Milena ist absolut die gute Mitarbeiterin, das kannst du mir glauben.«

»Du setzt dich ja sehr für deine Kollegin ein. Läuft da was zwischen euch?« Ich starte einen Gegenangriff.

»Nein!« Magnus ist erstaunt. »Wie kommst du darauf?«

»Ihr versteht euch doch gut, und ständig diese Berührungen und Vertrautheiten …«

»Du sollst nicht eifersüchtig sein, wir in Schweden haben ein absolut anderes Selbstverständniskeit zwischen die Geschlechter.«

»Ich bin nicht eifersüchtig. Man darf doch wohl noch nachfragen?«

Ich bin eifersüchtig! Nicht auf Magnus' Verhältnis zu Milena. Auf Magnus' freies Leben, auf seinen unbekümmerten Umgang mit meinen Mitarbeiterinnen.

»Wir haben da schwedische Lebensart, die will ich auch hier ein bisschen nach Berlin bringen, nicht nur meine Fotografien. Mit Milena übe ich das absolut ein bisschen. Das verstehst du nicht korrekt.«

Ich kann meine Empfindungen nicht sortieren. Was Magnus sagt, tut mir weh.

In Schweden werde im öffentlichen Raum schon seit geraumer Zeit nicht mehr zwischen Frauen- und Männertoiletten unterschieden, fährt er fort, ausschließlich Unisexklos gebe es dort. Damit würde man in Berlin ja gerade erst anfangen. Auch in meinem Café seien die Toiletten ja noch recht altmodisch nach Geschlechtern getrennt.

Schließlich spürt Magnus meine innere Unordnung.

»Aber Frauen findest du doch noch gut, so wie früher, oder?« Er lacht verunsichert.

Ich bemerke, dass mein Gesicht errötet ist. Magnus versichere ich meiner Leidenschaft für das weibliche Geschlecht, das erleichtert ihn. Aber meine Gefühle zu Milena muss ich klären. Begehrt sie mich und kann es mir nicht zeigen? Oder zeigt sie es mir bereits, und ich kann es nicht verstehen? Könnte es sein, dass ich in meiner mannigfaltigen Überforderung gar nicht merke, dass mich eine Frau anzieht, und ich unbewusst, aber für alle sichtbar, danach handele? Aber das könnte auch jede andere Frau aus dem Team sein.

Magnus reißt mich aus meinen Grübeleien: »Morgen habe ich dann die Schichtplan fertig. Wenn wir doppelte Frühschichte machen, dann benötigen wir noch absolut mehr Mitarbeiter.«

»Ich habe hier noch ein paar vielversprechende Bewerberinnen, die rufe ich morgen mal an und lade sie ein«, sage ich zweideutig und betone das ›innen‹. Ich stehe auf. »So, ich muss jetzt mal einkaufen gehen, sonst wird Shanti nervös, und das wollen wir ja beide nicht, oder?«

»Kannst du mir mitbringen ein paar Kondome?«, erwidert Magnus augenzwinkernd.

»Nein, kann ich leider nicht, ich habe schon so viel zu tragen.« Wir lachen uns an und ich beschließe, die Vorstellungsgespräche lieber alleine zu führen, ohne Magnus.

Die Lebensmitteleinzelhändlersituation in Berlin-Mitte ist schlecht. Kleinere Geschäfte konnten die steigenden Mieten nach 1989 nicht verkraften, zudem floh ihre Stammkundschaft aus dem Viertel. Als nennenswerter Supermarkt geht nur die sogenannte Ackerhalle durch. Dabei bezeichnet ›Ackerhalle‹ das Gebäude und nicht den eigentlichen Supermarkt. Der Supermarkt ist Mieter der Halle und gehört einem der großen Filialisten an.

Ende des neunzehnten Jahrhunderts baute der Berliner Magistrat mehrere große Markthallen, die alle in dichtbesiedelten Wohngegenden lagen, um der gestiegenen Nachfrage und den Versorgungsansprüchen der schnell wachsenden Stadt gerecht zu werden. Zudem wollte man die Position der Kleingewerbetreibenden gegenüber den neuen Warenhausketten stärken.

Das alte Markthallengefühl kann man erahnen, die Decke schwebt in ungefähr zwölf Meter Höhe, getragen von einer eleganten Stahlkonstruktion, durchzogen mit Oberlichtern. Das Gebäude steht unter Denkmalschutz. Franz Biberkopf wäre hier koofen jejangen.

Vor dem Eingang in der Invalidenstraße stehen Fred und der General und verkaufen ihre Obdachlosenzeitung. Als sie mich erblicken, sagt Fred entschuldigend: »Mensch, Chef, gehste Nachschub holen? Sorry, aber heute Vormittag haben wir es nicht zu dir jeschafft. Wir wollen die letzten Sonnenstrahlen noch mitnehmen, bevor der Sommer janz verschwindet. Läuft gut hier vor der Ackerhalle heute, aber wir wollten eh gleich zu dir kommen, wie vereinbart.«

Der Gedanke daran, dass die beiden in dem Gespensterhaufen heute Morgen auch noch mitgemischt hätten, löst einen kleinen Panikanfall in mir aus.

»Mach dir keine Gedanken, das ist nicht so schlimm, wenn mal ein Termin ausfällt. Ist ja eher andersrum gemeint, unsere Vereinbarung.«

»Keine falsche Bescheidenheit, Chef! Vereinbart ist vereinbart. Wir kommen! Auf uns ist Verlass!« Fred wendet sich einem Kunden zu, der gerade sein Eurostück aus dem Einkaufswagen ausgelöst hat.

Schnell füllt sich mein Wagen mit Lebensmitteln, da ich nur wenige verschiedene Waren einkaufe, davon aber viel. An der Kasse bezahle ich mit Bargeld, alles kleine Scheine, die ich eben direkt aus der Kasse im Café genommen habe. Ein schönes Gefühl, wie ich dem Kassierer die Scheine in die Hand zähle. Ehrlich verdientes Geld.

Sechs volle, große Plastikbeutel hänge ich an den Lenker meines Fahrrades, drei rechts, drei links, und schiebe die Beute in Richtung Räuberhöhle. Starker Wind weht, graue, schwere Wolken künden den nächsten Regenschauer an. Alle scheinen deshalb ihre Schritte zu beschleunigen und sind auf der Suche nach einem Unterschlupf.

Als Shanti mich durch das Küchenfenster mit den Einkäufen sieht, kommt er gleich hinausgelaufen und nimmt mir die Hälfte der Beutel ab.

»Das wird höchste Zeit! Hier ist immer mehr los.«

Die Angst vor dem nahenden Regen treibt Gäste in das Café. Neue Gäste, man bemerkt es an den Blicken und daran, dass sie sich nicht gleich zurechtfinden. Milena und Magnus arbeiten gemeinsam im Tresen. Ihre Bewegungen sind harmonisch aufeinander abgestimmt, einem eingespielten Tanzpaar gleich.

Ich freue mich auf den Herbst.

9.

EXTRABALL

Heute Morgen ist der Himmel fast wolkenfrei, Küstenwetterlage, ein wenig herbstlich und doch sonnig. Die kleinen Wolken ziehen schnell. Bestes Exorzistenwetter.

Ein bekanntes Bild zeigt sich mir, als ich das Café betrete. Es ähnelt dem des gestrigen Morgens, leicht verändert wurde nur die Besetzung, die Kameraeinstellung und der Ort. Dolores sitzt am Tresen, den Kopf in die Hände gestützt, sie weint. Magnus steht dicht neben ihr und hat einen Arm um sie gelegt, Milena hält ihre Hand, steht dabei im Tresen, Dolores gegenüber. Shanti unterhält sich intensiv mit einer mir unbekannten Frau, er nutzt beide Hände, um seinen Worten Nachdruck zu verleihen.

»Darf ich vorstellen?«, sagt er, als er mich bemerkt. »Aurinia, das Medium, von dem ich dir erzählt hatte.« Shanti tritt einen Schritt zurück und deutet zunächst auf Aurinia und dann auf mich. Wir geben uns die Hand.

Warum sind alle vor mir hier? Ich wollte als Erster mit dem Medium sprechen, damit es nicht beeinflusst werden kann.

»Aurinia? Ein ungewöhnlicher Name! Ist mir in unserem Telefonat gestern gar nicht aufgefallen.«

»Am Telefon melde ich mich mit meinem weltlichen Namen, Aurinia ist mein Geistname.«

Sie ist groß, ihr Äußeres ähnelt Dolores ein wenig, eine hübsche junge Frau mit eindeutigen weiblichen Rundungen.

Dunkles Haar und dunkle Augen, die klar und doch befremdlich leuchten. Wäre ich Aurinia unter anderen Umständen begegnet, wäre mir nicht in den Sinn gekommen, dass sie ein Medium sein könnte. Jetzt, da ich weiß, welche Fähigkeiten sie haben soll, sieht sie tatsächlich ein wenig wie eine Wahrsagerin aus. Das lange, dunkle, zurückgebundene Haar wird von zwei großen Kreolen flankiert, die unter den kleinen Ohren die lebhaften Bewegungen ihres Kopfes unterstreichen. Gekleidet ist sie neutral, Bluse und Jeans.

»Nun gut, Aurinia, dann stelle ich dir mal Dolores vor, sie ist dem Gespenst begegnet. Unsere Hauptperson bei dieser Geschichte.«

»Nicht nötig, das hat Shanti bereits übernommen.«

Shanti nickt mir selbstgefällig und auch ein wenig stolz zu.

Dolores sitzt mit hängendem Kopf am Tresen, Magnus steht hinter ihr und massiert ihr mit beiden Händen den Nacken.

Ich hoffe nicht, dass die Begegnung mit Aurinia Dolores in diesen Zustand gebracht hat. Ich erhoffte mir das Gegenteil von Aurinias Intervention.

»Was hat Dolores denn? Ist wieder was vorgefallen?«, frage ich Shanti.

Milena tritt hinzu: »Es spukt schon wieder. Kurz bevor du gekommen bist, ist ein Gast hier gewesen, der hat sich einen Kaffee bestellt und ist dann damit nach oben gegangen. Ich war jetzt gerade noch mal nachsehen, da ist niemand, und heruntergekommen ist auch niemand. Der Kaffee steht unberührt auf einem Tisch.«

In mir sträubt sich alles, weiter auf diese absurde Situation einzugehen, der vorherrschende Impuls ist Flucht. Einfach weglaufen, ich will nicht in dieser Harry-Potter-Welt sein. Ich werde eine Stelle beim Schleckersicherheitsdienst annehmen und schaue alle paar Tage mal rein, wie es so läuft im Café.

Ich will mich endlich Feinheiten und Details widmen, mir weiter Gedanken machen über Kommunikationsansätze, die dem Café mehr Gäste bescheren. Verstrickt, gefangen und ferngesteuert fühle ich mich.

»Der Gast, den du da beschreibst«, wende ich mich an Milena, »ist kein Gast, sondern ein«, ich kann mir eine kleine dramatische Pause nicht verkneifen, sie kommt gut an, alle halten inne und hängen an meinen Lippen, »Junkie, der sich auf der Toilette eingeschlossen hat.«

Zu meiner eigenen Überraschung schlägt meine Verzweiflung jäh um, in Sportsgeist. Das gibt mir Kraft. Vermutlich ist das ein neuer, urbaner Anpassungstrick der Evolution.

»Ein Junkie?«, fragt Milena ungläubig, als hätte ich etwas völlig Abwegiges gesagt.

»Ja, ein Junkie. Diesen Fall hatten wir doch schon einmal. Davon gibt es hier mehr, als man denkt, die U-Bahn-Linie 8 ist eine der Berliner Heroinlines und der Weinbergspark ist Dealer's Paradise, weißt du das nicht? Nun kommen die auf unsere Toiletten, weil es kälter wird. Der Mann liegt wahrscheinlich zugedröhnt in einer abgeschlossenen Kabine. Das ist alles. Und so ähnlich lässt sich alles andere auch erklären, ohne Übersinnliches, da bin ich mir sicher.«

Das lasse ich kurz sacken. »Aber eins nach dem anderen. Ich gehe jetzt nach oben und schmeiße den Junkie raus, danach gehen wir in den Keller und klären die Gespenstergeschichte auf.«

Ich steige zügig die Treppe hinauf, zwei Stufen nehme ich auf einmal, auf dem letzten Stück blicke ich hinab, alle sehen mir ängstlich nach, der todesmutige Gang in die Höhle des Poltergeistes. Ich winke fröhlich hinunter, Milena winkt als Einzige zaghaft zurück. Wäre ich ein Ritter vor einem Turnierkampf, so ließe sie nun ihr Seidentuch fallen.

Das Obergeschoss ist menschenleer. Auf einem der Tische steht eine Tasse Kaffee mit Untertasse und Löffel. Die schwarze Flüssigkeit sieht unberührt aus. Ich erinnere mich an Klamottes Worte. Während der Sanierung des Cafés riet er mir dringend von Toilettenpapierspendern ab, deren Oberfläche zum Auslegen von pulverförmigen Drogen geeignet ist. Er habe entsprechende Erfahrung, »die Dinger bauste bald wieder ab«, prophezeite er mir. Nicht einmal Toilettendeckel würde man aus besagtem Grund in den Clubs, die er betreut, verwenden. Ich hatte nicht auf ihn gehört, das könnte sich nun rächen.

Eine der Kabinen in der Herrentoilette ist, wie zu erwarten war, verschlossen. Einen Moment halte ich inne. Ich höre Feuerzeuganschnipsen, wieder und wieder. Und ich höre jemanden stöhnen. Junkies, Gespenster, hysterische Mitarbeiter, damit ist jetzt ein für allemal Schluss.

Ich hämmere an die verschlossene Kabinentür und rufe mit lauter Stimme: »Drogenkonsum ist hier verboten! Ich rufe jetzt die Polizei!«

In der Kabine ist es still geworden, ein ungutes Gefühl beschleicht mich. Nach einer kurzen Pause brüllt der Insasse der Kabine hörbar erregt: »Man wird doch wohl noch auf dem Klo rauchen dürfen, wozu habt ihr denn sonst Aschenbecher hier drinnen?«

Das klingt absolut authentisch und echt. Verschämt und ohne eine Entschuldigung auszusprechen, ziehe ich mich aus den sanitären Anlagen zurück. Trüge ich einen Schlips, so würde ich diesen nun lockern und den obersten Hemdknopf öffnen. Von Aschenbechern hatte Klamotte nicht gesprochen.

Das völlig hysterische Verhalten meiner Mitarbeiter bringt mich dazu, die wenigen echten Gäste, die wir haben, grundlos zu vergraulen. Wenigstens kann ich übersinnliche Faktoren für diese Geschichte nun ausschließen.

Langsam gehe ich die Treppe hinab. Bevor ich unten ankomme, fragt mich Milena argwöhnisch: »Und?« Sie spricht es in Versalien aus. Dolores sitzt auf Magnus' Schoß, sie sind engumschlungen.

»Tja, wie ich es geahnt hatte, ein Junkie«, erwidere ich matt. Falsch ist diese Information nicht, denn von einer schweren Nikotinsucht kann mit hoher Wahrscheinlichkeit ausgegangen werden.

Stirnrunzeln bei Milena. »Du wirkst aber mehr wie Dolores nach der Begegnung mit der SS-Putzfrau als nach einem Zusammentreffen mit einem Junkie.«

»Der Umgang mit Süchtigen ist nicht erbaulich, deshalb sehe ich vielleicht ein wenig erschöpft aus. Nun auf zu neuen Taten! Jetzt geht es endlich in den Keller!«

»Und der Junkie?«, will Milena wissen.

»Den habe ich rausgeschmissen. Der wird gleich gehen.«

Ich nicke Aurinia auffordernd zu, Dolores hüpft behände von Magnus' Schoß, ich setze mich in Bewegung in Richtung Untergeschoss. Als ich in der Küche nach links zur Kellertreppe abbiege, schaue ich nach hinten, um mich zu versichern, dass die beiden mir folgen. Sie folgen mir. Aber auch Magnus, Milena und Shanti. Abrupt bleibe ich stehen.

»Nur Dolores und Aurinia kommen bitte mit in den Keller. Die anderen gehen zurück an ihre Plätze.«

Ich wundere mich über meine mutige Ansage und noch mehr darüber, dass sie ohne Diskussion befolgt wird. Ein enttäuschtes Murren lässt sich hören, aber die drei verlassen die Gespensterkarawane. Mein unerschrockenes Eingreifen auf der Toilette hat meiner Person offensichtlich Autorität eingebracht.

Bereits beim Abstieg in den Keller bemerke ich eine Wesensveränderung bei Aurinia und auch bei Dolores. Die beiden verhalten sich still und gefasst, als gingen sie in die Kirche.

Am unteren Treppenende bleiben wir stehen. Aurinia bittet Dolores, ihr alles ganz genau zu erzählen, und will wissen, wo die Erscheinung exakt aufgetreten ist.

Der Keller wirkt noch enger und maschinenraumhafter als sonst. Wir gehen zum Durchgang zwischen Trockenlager und Bierkeller und bleiben an der zugemauerten Verbindung zum Nachbargebäude stehen.

Dolores und Aurinia sprechen konzentriert und leise miteinander, Dolores zeigt hin und wieder auf die Stelle, an der das Gespenst stand. Ich bilde mir ein, dass es hier sonst heller ist, aber das Licht ist nicht dimmbar. Die Bierfasskühlung, in der die angezapften Bierfässer gelagert werden, steht ein wenig offen, ich verschließe sie. Die Stromabrechnung kommt glücklicherweise erst am Jahresende.

Ich bemühe mich, so gelassen wie möglich zu sein und beginne, ein paar leere Weinkartons zu zerreißen, um die kleinen Weinkartonstücke platzsparend in die Papiermülltonne zu schmeißen, die am Durchgang zum Bierkeller steht. Dolores und Aurinia schauen mich böse an, also lasse ich das wieder sein und trete zu ihnen. Sie haben viel zu besprechen.

»Jedenfalls Frau sehen genau aus wie böse Nazi und auch wie böse Putzfrau. Alles dunkel, nur Kerze von Nazi«, sagt Dolores.

»Sie hat aber definitiv nichts zu dir gesagt oder irgendein Zeichen gegeben?«

»Nein, nein, sie nur stehen da und gucken böse. Sehr böse!« Dolores macht eine Pause, hebt die Hände, guckt auch böse. »Und plötzlich wieder weg. Bim bam bum.«

Bim bam bum klingt für mich eher nach Weihnachten.

»Entschuldigung, wenn ich euch kurz störe.« Milena ist im Keller, bim bam bum.

Ich unterbreche sie verärgert: »Wir hatten doch ausdrücklich vereinbart, dass du …«

»Der Junkie! Ich wollte dir nur schnell Bescheid sagen wegen des Junkies, das ist ein Notfall.«

Ein Stück hinter ihr steht Shanti und tut so, als suche er etwas im Trockenlager. Als er bemerkt, dass ich ihn sehe, lächelt er verlegen und weicht meinem Blick aus.

»Er kam eben an den Tresen und war total sauer. Er hat richtig rumgebrüllt, Magnus und ich sind sehr erschrocken. Er schrie, dass er es unmöglich findet, dass man hier fürs Scheißen verhaftet werden soll, und was das überhaupt für ein Drecksladen ist, und dann ging er wütend raus.«

Auch Milena ist wütend, ihr Gesicht ist mir zugewandt, ihre Augen aber blicken Dolores und Aurinia prüfend an.

»Bei solchen Aktionen kannst du dich nicht einfach hier verkriechen und uns oben der Gefahr aussetzen.«

»Ich fürchte, das war gar kein Junkie, Milena.« Nun stehen wir doch alle im Keller beisammen, einzig Magnus fehlt.

»Kein Junkie? Wie peinlich! Das ist ja umso schlimmer. Und uns lässt du da oben schön im Regen stehen. Zum Gespött des Rosenthaler Platzes lässt du uns werden. Alle haben das mitbekommen, der General, mein amerikanischer Produzent und auch die Zwillinge.«

Oben ist richtig was los!

»Es tut mir ausgesprochen leid, aber wie du siehst, drehe ich hier unten im Keller auch nicht gerade Däumchen.« Ich deute auf Dolores und Aurinia, die ich dabei freundlich anlächele, sie sollen die Situation nicht falsch verstehen. Sie wirken, als wären sie gerade aufgewacht und blicken uns erstaunt an.

»Was ist denn nun mit dem Gespenst?« Milena wendet sich nun direkt an Aurinia, die von Milenas Strenge nicht unbeeindruckt ist und unvermittelt Bericht erstattet.

»Also, es ist eindeutig, dass hier eine alte Seele nicht zur Ruhe kommt.«

Ein leises Raunen geht durch den Keller. Genau diese Situation hatte ich zu vermeiden versucht. Divide et impera. Ich hatte die Hoffnung gehegt, die Informationen des Mediums selber weitergeben zu können, um sie im Sinne der mündlichen Überlieferung beeinflussen zu können.

»Es ist durchaus im Bereich des Möglichen, dass es sich um den Geist der verstorbenen Putzfrau handelt!«, fährt Aurinia fort.

Das war jetzt schon alles? Ich hatte mir nicht allzu viele Gedanken darüber gemacht, was ein Medium tun würde, um festzustellen, ob es spukt oder nicht. Aber irgendeinen kleinen Zauber hatte ich schon erwartet. Eine Wünschelrute, ein Räucherstäbchen, eine Kerze, die von einem Windhauch ausgeblasen wird, oder wenigstens eine Art Meditation.

»Ich bitte zu einem gemeinsamen Gespräch«, sagt Aurinia, und etwas leiser: »Aber auf keinen Fall hier im Keller.«

Ich bin mir nicht sicher, ob Aurinia mit ›gemeinsam‹ auch mich meint. Trotzdem versuche ich die Zügel wieder in die Hand zu nehmen. »Gut, dann gehen wir jetzt alle nach oben.«

»Oben ist es übrigens ziemlich voll. Es hat angefangen zu regnen, kurz bevor dein Möchtegern-Junkie seine Szene am Tresen abzog.«

»Voll? Jetzt aber schnell rauf!« Ich tue so, als würde ich erschrecken und klatsche lachend in die Hände. Alle setzen sich fröhlich in Bewegung.

Das Wetter ist in der Gastronomie ein altbekannter Faktor. Normale Cafés haben ihren Umsatzschwerpunkt im Sommer. Bei diesem Café gilt jedoch die Bauernregel: Kommt die Sonne raus, gehen die Gäste raus, fällt Regen, fallen die Gäste ein. Wie bei einem Wetterhäuschen. Dass die Gastronomie dermaßen wetterfühlig sein würde, hatte ich nicht gedacht.

Dolores und Aurinia gehen vorneweg. Dolores ist erfüllt von einem neuartigen Stolz. Der Winkel zwischen Kinnlinie und Hals entspricht der offiziellen Tangonorm. Als sie an mir vorbeigeht, blickt sie demonstrativ in die andere Richtung.

Am Durchgang zwischen Küche und Tresen empfängt Magnus die Prozession. »Gut dass ihr kommt, es ist absolut gut los hier. Shanti, ich brauche bitte dreimal die Kürbis-Ingwer-Suppe zum Mitnehmen, die kann gerne kalt sein, die wollen die später essen. Und das Birchermüsli ist schon wieder alle. Milena, kannst du mit vorne an die Gäste kommen, und der Chef könnte vielleicht mal eine Abräumrunde drehen. Wir haben fast keine Kaffeelöffel mehr, davon könnte man auch noch absolut mehr einkaufen in deinen Laden.«

Alle tun, wie ihnen geheißen. Magnus' augenscheinliche Erfahrung versetzt ihn automatisch in die Position des Lenkers.

Im Gastraum sind mehr als die Hälfte der Tische besetzt. Während ich noch schwanke, ob ich Magnus' eigenmächtiges Verhalten gut oder schlecht finde, erfüllt mich der Anblick der besetzten Tische mit tiefer Freude und vor allem Erleichterung. Den Mitarbeitern einen großen Gestaltungsspielraum und Selbstverantwortung einräumen, das wollte ich doch immer. Ich nehme mir ein Kellnertablett, das eine gummierte Beschichtung trägt, so dass das Geschirr nicht verrutschen kann, und ein feuchtes pinkfarbenes Schwammtuch.

»Kann das schon weg?«, frage ich freundlich die Zwillinge, die an einem der großen Stehtische nah am Fenster sitzen und einen guten Blick auf das zentrale Geschehen haben. Ich würde die beiden gerne zu meinen Stammgästen zählen können, sie gehören doch irgendwie zum Rosenthaler Platz. Und wie man bei der Renaturierung von Industriegebieten die Ansiedelung seltener Vogelarten als gutes Zeichen wertet, so werte ich die Anwesenheit der Zwillinge als Zeichen, dass mein Konzept nicht anbiedernd ist und auch die Ureinwohner anspricht.

»Ja, dit kannste mitnehm, Chef. Da haste dir ja echt ne Krake jeangelt mit dem schicken Schweden, der hat ja mehr als vier Arme!«

Eine der beiden Schwestern fasst mir sanft an den Unterarm, als ich nach ihrem Glas greife. Latte macchiato haben sie offensichtlich getrunken.

»Machste uns nochn kleen Milchschaum für Püppi?«, fragt sie mit verschwörerisch gesenkter Stimme. Der Hund auf ihrem Schoß fährt bei der Erwähnung seines Namens unmittelbar die Zunge aus, hechelt und wedelt mit dem kupierten Schwanz.

Sie deutet mit Daumen und Zeigefinger ungefähr einen halben Zentimeter an. »Am besten einfach n bisschen uffn Unterteller oder so, wa?«

In Prenzlauer Berg fragen Mütter für ihre Babys nach Milchschaum, in Mitte die Ureinwohner für ihre Hunde. Das Selbstbedienungsprinzip wollte ich nie aufweichen, aber für gute Stammgäste muss man auch Prinzipien brechen können. Zudem freut sich der Hund außerordentlich auf seine geschäumte Milch.

»Na klar. Gerne. Kommt sofort.«

Am Tresen ist immer noch was los. Ich trete an die Kaffeemaschine, nehme mir eine Untertasse und schütte ein wenig bereits geschäumte Milch aus der Edelstahlkanne darauf, bis sie fast voll ist, ich will nicht geizig erscheinen.

Auf der Abstellfläche der Kaffeemaschine befinden sich sechs kleine Espressokännchen, sie stehen ein wenig abseits. Die Espressokännchen werden benötigt, um Latte macchiato zuzubereiten. Es ist die einzige Kaffeespezialität, bei der der

Espresso am Ende zugefügt wird. Diese sechs Espressokännchen hier sind alle gefüllt, aber keine Latte-macchiato-Bestellung ist in Sicht. Ich frage Milena: »Was hat es denn mit den Kännchen hier auf sich?«

»Ja, da staunst du! Die habe ich vorgekocht! Du siehst ja, was hier los ist. Und wenn der nächste Ansturm kommt, habe ich den Kaffee schon fertig und muss nur noch die Milch machen.«

»Aber der Espresso muss frisch und vor allem warm sein, sonst schmeckt es einfach nicht. Bitte nicht vorkochen, sondern immer frisch zubereiten, die Gäste sehen das doch auch.«

Milena ist gereizt.

»Also, dir kann man es auch nicht recht machen! Was ist jetzt wichtiger: dass die Gäste schnell bedient werden und nicht warten müssen oder dass wir hier die Weltmeisterschaft im Kaffeekochen gewinnen?«

»Es ist beides wichtig.«

Sie schüttelt ungläubig den Kopf.

»Das musst du mir dann wirklich noch mal erklären, ich verstehe hier nichts mehr. Und Milchschaum gehört doch in ein Glas und nicht auf einen Unterteller, oder?« Sie zeigt auf mein Püppigedeck.

»Das wiederum kann ich erklären ...«

Ein markerschütternder Schrei aus der Küche unterbricht mich – Shanti!

Milena und ich schauen uns mit offenem Mund an, ich drehe mich um und renne in die Küche, die kinetische Energie lässt Püppis Milch überschwappen, sie landet auf meiner Hose. Ich fluche und stelle die Untertasse in den Speiselift.

In der Küche hält Shanti mit der rechten Hand seinen linken, hocherhobenen Unterarm fest. Heftige Schimpfworte presst er aus seinem schmerzverzerrten Gesicht. Am Zeigefinger der linken Hand befindet sich eine klaffende Schnittwunde. Das Blut läuft bis in die Ellenbeuge hinunter.

»Was ist passiert?«, frage ich, während ich nach dem Verbandskasten suche, der hier irgendwo sein muss.

»Der Verbandskasten ist im Regal über der Spülmaschine.« Shanti deutet mit seinem blutenden Finger in die entsprechende Richtung. Wieder stößt er einen Schwall Flüche und Verwünschungen hervor.

»Es ist einfach viel zu viel los hier!« Shanti hat jede Freundlichkeit und jedes spirituelle Einfühlungsvermögen verloren, er klingt hart und vorwurfsvoll. »Wie soll man bei so einem Stress in seiner Mitte bleiben? Wie soll das gehen?«

Ich weiß nicht, welchen Stress Shanti meint. Das Gespenst? Die überforderte Kollegin? Die hysterische Putzfrau? Die gesteigerte Produktion der Speisen?

»Shanti, wir kümmern uns jetzt erst mal um die Wunde, du stehst unter Schock.« Ich versuche ihn zu beruhigen und trete mit Desinfektionsspray und Pflastern an ihn heran.

»Lass mal, leg mal da hin, ich mach das schon selber.« Er ist sichtlich gereizt. Auf dem Herd braten Zwiebeln in der Pfanne. Das Stadium des Andünstens haben sie längst überschritten. Milena dreht die Gasflamme auf Null und die große Küchenabzugshaube auf Fünf.

»Was ist denn passiert?«, erkundige ich mich noch einmal.

»Das Birchermüsli ist schon wieder alle. Ich frage mich, wer das alles gegessen hat. Nun gut, muss ich wohl Birchermüsli nachmachen. Habe ich ja nicht zufällig erst gestern schon gemacht. Dann will da jemand drei Suppen zum Mitnehmen, auch noch kalt! Die Suppe ist aber nun mal schon warm, wie in jedem anderen guten Restaurant auch. Ich frage doch auch nicht nach einem ungebratenen Schnitzel, dafür muss man zum Metzger gehen. Wie soll ich die Suppe kalt machen in so kurzer Zeit? Geht nicht. Magnus findet das unmöglich und meckert rum, dann will ich Zwiebeln dünsten, weil auch die Suppe fast ausverkauft ist. Schneide hier neben der Pfanne, damit es schneller geht, verbrenne mir dabei den Unterarm am Pfannenrand und erschrecke mich dermaßen, dass ich mir gleich darauf auch noch in den Finger säbele. Aber richtig!«

Er hält den Finger in meine Richtung, die Schnittwunde sieht nicht schön aus. Ein dumpfes Gefühl macht sich in meiner Magengrube breit, es erinnert mich an das Gefühl in meiner Kindheit, wenn ich mir vorstellte, dass ich gar nicht auf der Welt wäre. Schwindelig wird mir. An der Spülmaschine suche ich Halt. Dabei berühre ich unabsichtlich den Startknopf und löse einen Spülgang aus.

»Das ist ja wirklich eine unglaubliche Geschichte, das tut mir leid, Shanti. Sollen wir einen Arzt holen? Willst du für heute freinehmen?«

Mit einem Stück Küchenpapier tupft er die Schnittwunde ab und wischt das Blut am Unterarm weg. Aus Schnitt- und Brandverletzungen bestehen die häufigsten Unfälle in der Gastronomie. Das habe ich in meinem Fernlehrgang der Berufsgenossenschaft gelernt, der für Betreiber eines gastronomischen Betriebes Pflicht ist, solange sie keinen eigenen Betriebsarzt einstellen. Dass beide Verletzungsarten auch gleichzeitig auftreten könnten, davon war nicht die Rede. Aber für dieses Café müssen wohl einige Grundregeln der Gastronomie überarbeitet werden, nichts scheint hier so zu sein wie in anderen gastronomischen Unternehmen.

Shanti beruhigt sich langsam. »Soll ich dir mal was sagen? Sorg endlich dafür, dass dieses Gespenst verschwindet, bei dieser Energie hier muss ja alles schieflaufen!«

Milena will ihm helfen, das Pflaster anzubringen, Shanti zieht seinen Arm zurück und schaut Milena böse an, sie zuckt zurück.

»Dann eben nicht! Hoffentlich verblutest du nicht!«, herrscht sie ihn an und stürmt hinaus.

»Shanti, so lass dir doch helfen!« Ich gehe erneut auf ihn zu.

Magnus steckt den Kopf herein.

»Birchermüsli mal absolut fertig?«

Shanti schaut mich an, schaut Magnus an, wird knallrot. Mit einer gekonnten rechten Rückhand schleudert er den Verbandskasten ansatzlos gegen die Wand. Dann stützt er sich auf der Arbeitsplatte ab. Er brüllt so, dass seine Adern und seine Sehnen am Hals sichtbar werden.

»Raus aus meiner Küche! Lasst mich doch einfach alle in Ruhe. Raus! Raus! Raus!«

Er verscheucht uns mit der gesunden Hand, wie man Fliegen verscheucht.

Magnus zieht den Kopf wieder in den Tresen zurück wie eine Schildkröte in ihren Panzer. Ich tue es Milena gleich und leiste Shantis Aufforderung Gehorsam.

Es hat aufgehört zu regnen, eine schöne vormittägliche Herbstsonne beleuchtet den Rosenthaler Platz, das Café ist wieder fast leer. Auch die Zwillinge sind im Aufbruch begriffen, die hatte ich ganz vergessen. Bei ihrem Anblick spüre ich die kalte, nasse Püppimilch auf meiner Hose. Ich haste zu ihnen hinüber, die nasse Stelle klebt an meinem Oberschenkel.

»Ich bringe Püppi ihren Milchschaum gleich, es gab einen Notfall in der Küche.«

»*Seinen* Milchschaum meint er wohl! Püppi is doch n Kerl! Jetz is ooch ejal, wir müssen uffschließen jehn.«

Auch wenn sie den Zuhörer nicht als Hirnbalken nutzen, sprechen sie ihn gerne mal in der dritten Person an, das macht die Kommunikation nicht einfacher.

»Ach, schade! Dann aber beim nächsten Mal, ja?« Die

Zwillinge sind anstrengende Gäste, aber wenn wir sie als Rosenthaler-Platz-Urgestein halten können, dann können wir fast jeden Gast halten.

»Um den Kumpel da sollteste dich lieba mal jekümmert haben, der wird dir nischt jerade Gäste anlocken.«

Sie zeigen auf den General. Der sitzt neben dem Eingang in seinem Rollstuhl, Zigarillo im Mundwinkel. Von Fred weit und breit keine Spur. Das ist gegen die Abmachung.

»Stimmt, um den General muss ich mich mal kümmern. Macht's gut. Bis morgen?«

»Ja, ja, bis morgen. Komm, Püppi.«

Püppi wird auf den Boden entlassen, schüttelt sich und schnuppert dann aufgeregt an einem der Rollstuhlreifen. Ich halte den dreien die Tür auf, hake diese ein, damit sie offen bleibt, und verabschiede meine Gäste noch einmal wie nach einem feierlichen Dinnerabend.

Vor dem Laden stehen Dolores, Aurinia und Magnus. Ein Sonnenstrahl blendet mich, die drei befinden sich im Gegenlicht. Magnus hält Dolores im Arm und streichelt Aurinia aufmunternd, aber zärtlich über die Wange. Ich schüttele mich kurz, drehe mich um und schaue den General an, er schläft tief und fest.

Das Café ist ein riesengroßer Flipperautomat, und ich bin die polierte Stahlkugel. Ich sehne mich danach, dass der große Spieler mich ins schwarze Loch fallen lässt, stattdessen erspielt er einen Extraball nach dem anderen.

10.

ZEUS UND DIE FREIHEITSSTATUE

Hier, Chef! Kiek mal hier hin. Ick habe Jeld. Ick möchte jetzt sofort wat koofen!«

Der General hält eine geöffnete Hand senkrecht nach oben. Darin befindet sich eine ansehnliche Menge fein sortiertes Kupfergeld. Ein kleiner Geldberg. Ich stehe hinter seinem Rollstuhl und stelle entnervt fest, dass sich die Speichen der Räder in den Zargen der Eingangstür verkeilt haben. Der Rollstuhl lässt sich in keine Richtung mehr bewegen. Auch nicht zurück in den Gastraum. Das Bauamt hatte uns nur zu *einem* barrierefreien Eingang verpflichtet. Das war nicht dieser hier, sondern der Eckeingang zum Rosenthaler Platz. Der ist neunzig Zentimeter breit und hat keine Stufe, sondern eine Rampe. Den hätte ich nehmen müssen, als ich den General vehement hinauswerfen, oder besser gesagt hinausschieben wollte.

Zwei Minuten zuvor hatte ich versucht ihn sanft zu wecken, um auf unsere gemeinsam erarbeiteten Regeln hinzuweisen und darauf, dass er sich keinen günstigen Schlafplatz ausgesucht hatte. Der sanfte Weckversuch blieb erfolglos. An seinem Rollstuhl hatte er einen Getränkehalter installiert, darin steckte einer unserer großen Mitnehmbecher aus weißer Pappe, die wir mit Stempeln verzieren, auf denen jeweils ein Tier und ein Sinnspruch abgebildet ist. Der General hatte »Verteile das Fell des Bären nicht, bevor er erlegt ist« erwischt. Im Becher befand sich Kleingeld, in seinem Mund das obligatorische Zigarillo. Der Stempel war wie bei einem ordentlichen Biertrinker, der das Signet der Biermarke auf seinem Glas immer in Richtung der Betrachter dreht, nach vorne ausgerichtet, für seine Kunden gut sichtbar. Es freute mich, dass der Spruch auch dem General gefiel. Er machte damit Werbung für das Café.

Ich schaltete den Weckmodus einen Gang höher, wie ein elektronischer Wecker, der immer lauter wird, je länger man ihn ignoriert. Ich schüttelte den General unsanft an der Schulter und rief ihm laut ins Ohr, dass er wach werden müsse.

Das zeigte die erwünschte Wirkung. Der General begann zu schmatzen, zog an seinem Zigarillo, das zu meiner Überraschung zu glimmen begann. Er gähnte, wobei Zigarilloqualm ausgestoßen wurde, und rieb sich mit der linken Hand die Augen, die rechte war zur Faust verschlossen, darin befanden sich vermutlich weitere Kleingeldvorräte.

»Watn, watn?«

Er konnte sprechen! Das waren die ersten Worte, die ich von ihm hörte, in all unserer gemeinsamen Zeit.

»Watn los hier? Man wird doch wohl noch n Nickerchen machen dürfen?«

Ich kniete mich auf den Boden, um ihm in die Augen schauen zu können, wies ihn freundlich, aber bestimmt auf unsere gemeinsam hart erarbeiteten Regeln und auf den Fakt hin, dass er ohne Fred hier sei.

»Deshalb sehe ich mich nun gezwungen, dich des Cafés zu verweisen. Wenn ihr eure Seite der Abmachung nicht einhaltet, dann halte ich meine Seite auch nicht mehr ein.«

»Als Gast bin ick hier, Alter, nich als Penner! Ick bin een Gast wie jeder andere ooch. Also kannste deine Regeln gleich mal vajessen.«

Das ließ mich in meinem Bestreben, die beiden endgültig aus dem Café rauszuhalten, zögern. Während ich nachdachte, half der General mir, eine Entscheidung zu fällen.

»Wat bistn du fürn Wirt? Nur weil ick im Rollstuhl sitze, darf ick nich Gast sein, oder wie?«

Ansatzlos schmiss er seinen glimmenden Zigarillorest in meine Richtung, ich konnte gerade noch ausweichen. In mir stieg ein großes Gefühl auf. Das war Zorn, purer, reiner, ungefilterter Zorn. Mein Hirn evolutionierte für einen Moment zum Reptilienhirn zurück. Ein mir bis dahin in dieser Art unbekanntes Gefühl. Mir wurde mit einem Mal bewusst, was hier eigentlich vor sich ging. Der Worte waren genug gewechselt.

Ich packte wild entschlossen, vollgepumpt mit Adrenalin, den Rollstuhl mitsamt dem General, drehte ihn so heftig um hundertachtzig Grad, dass der General in der Kreisbewegung in eine leichte Schieflage geriet, anschließend durch eine ausgleichende Pendelbewegung jedoch wieder zu seiner Mitte fand.

Er hob seine rechte, zur Faust verschlossene Hand und streckte sie nach oben. Dann öffnete er sie, darin befand sich der besagte Berg Kleingeld.

»Ick habe Jeld. Ick möschte bitte einen Kaffee.«

Die Hand befand sich direkt vor meinem Gesicht, schwielig und abgemagert sah sie aus.

»Zum Mitnehmen!«, brüllte er.

Das Anschieben der Rollstuhlräder hatte Hornhaut auf der Hand hinterlassen. Ich beugte meinen Kopf zur Seite, um aus der Nähe der Hand zu kommen, nahm nochmals Schwung, als müsse ich eine vollbeladene Schubkarre eine steile Neigung hinaufschieben, um nach kurzer Strecke mit dem Rollstuhl des Generals krachend in meiner eigenen Eingangstür festzuhängen, in Gedanken bei der Barrierefreiheit.

Der General war dabei nach vorne gerutscht, instinktiv hatte ich ihn unter den Achseln gepackt und setzte ihn nun wieder in die ursprüngliche Position. Der General war federleicht. Beinahe wäre er auf den Bürgersteig gestürzt. Dann wäre er zwar draußen gewesen, aber sein Rollstuhl noch nicht.

Als der General seine Lage erkennt, beendet er das Aufgeben der Bestellung und verstummt. Einen Augenblick sind wir beide ein wenig ratlos. Ich rüttele und schüttele mit aller Kraft an dem Rollstuhl, aber die hochgestreckte Hand des Generals ist das Einzige, was dabei in Bewegung gerät. An die Freiheitsstatue muss ich bei seinem Anblick denken. Er schaut nach links und nach rechts auf die Räder.

Ich trete einen Schritt zurück, um eine Lösung zu finden.

Draußen stehen Dolores, Aurinia und Magnus. Magnus hält beide Frauen im Arm, beide Frauen halten erschrocken eine Hand vor ihren geöffneten Mund.

Ein ausgesprochen unproduktiver Morgen. Immer tiefer gerate ich in Probleme, die nichts mit Gastronomie zu tun haben. Egal wie, den General würde ich nun ein für alle Mal aus meinem Laden verbannen. Mit oder ohne Rollstuhl. Das Kapitel ist abgeschlossen.

Eine neue heftige Zorneswelle durchströmt mich. Ich trete gegen den Türrahmen, im vollen Bewusstsein, damit keine Problemlösung herbeizuführen. Mein Fuß beginnt augenblicklich zu schmerzen. Erschrocken hüpfe ich auf dem gesunden Fuß und forme meinen Mund zu einem lautlosen Schrei. Nachdem ich bemerke, dass der Schmerz erträglich ist und ich mir wohl nichts gebrochen habe, humpele ich forschen Schrittes hinaus. Als ich um die Ecke stürme, hat Magnus sich schützend vor die beiden Frauen gestellt, beide Arme nach hinten ausgestreckt. Als ob gleich in der Nähe eine Sprengung vorgenommen würde. Ich kann nicht sagen, wen von uns beiden er als Sprengkörper ansieht, den General oder mich, oder ob die Bombe erst durch die Mischung gefährlich wird.

Von hier draußen sehe ich, dass sich zwei Speichen des Rollstuhls gelöst haben und Widerhaken gleich im Türrahmen stecken. Damit sind sie das Problem und die Lösung in einem.

Der General hat sich gesammelt. Er klärt mich über das Gleichstellungsgesetz auf und wirft mir Diskriminierung vor. An der Art, wie er seine Sätze formuliert, spüre ich, dass er sie bereits oft ausgesprochen und angewendet haben muss.

Ich fackele nicht lange. Mein Zorn entlädt sich an den beiden Speichen wie an einem Blitzableiter. Mit einem Urschrei reiße ich sie einfach raus. Raus aus dem Holz des Türrahmens und raus aus dem Rollstuhl. Kurz verharre ich mit den abgerissenen Speichen in der Hand vor dem General und knurre ihn an. Er die Freiheitsstaue, Kleingeld anstelle der Fackel, ich Zeus, Speichen anstelle der Blitze.

Unter seinem anhaltenden Gezeter und Geschimpfe begebe ich mich wieder in den Gastraum, hinter den Rollstuhl. Der General schreit von Sachbeschädigung und Freiheitsberaubung. Nach einem Nazivergleich macht er eine kleine Erholungspause. Die nutze ich, um ihn im Gegenzug über die Hausrechte eines Gastwirtes aufzuklären, während ich ihn zum barrierefreien Ausgang schiebe.

»Ich habe hier das Hausrecht, und daher erteile ich dir hiermit unter Zeugen ein Hausverbot. Solltest du diesem Hausverbot zuwiderhandeln, rufe ich ohne weitere Vorwarnung die Polizei. Das Gleiche gilt für deinen Freund Fred. Wenn er mag, kann er sich den Text auch gerne noch mal persönlich abholen kommen.«

Meine Stimme ist laut, aber auch von einem Vibrato

geprägt, geschuldet der Adrenalinmenge in meinem Kreislauf.

Der General gibt auf. Seine hochgestreckte Hand schließt sich, und der Arm wird eingefahren. Als wir auf die Straße treten, spüre ich, dass er den Rollstuhl selber antreibt, ich lasse ihn los, um zu sehen, wohin er fahren will.

»Ick werde mich beim Behindertenbeirat vom Senat beschweren. Wirst schon noch sehen, wat de von deinem beschissenen Verhalten hast. Nazi!«

»Gerne! Viel Erfolg wünsche ich! Und nicht vergessen: Hausverbot bitte auch Fred ausrichten!«

Der General rollt in recht hohem Tempo, das ich ihm gar nicht zugetraut hätte, die Torstraße in Richtung Alexanderplatz entlang. In dieser Richtung befindet sich auch das Rathaus Mitte, mit Sitz des Behindertenbeirates des Bezirks. Es liegt hinter dem alten Kino International – im Kino war ich schon lange nicht mehr.

Der General stößt weitere Beleidigungen aus. Er passiert den U-Bahneingang, die Lieferantenhaltebucht vor unserem Küchenfenster, fährt fast Klamotte über die Füße, der gerade aus der Seitentür seines Lieferwagens springt, hält kurz an, schimpft auf Klamotte, das übliche berlinerische »kannste nich uffpassen, wode hinlatschst«, und zischt ab.

Klamotte schaut mich an, schaut dem General hinterher, zieht anerkennend die Mundwinkel nach unten. Müde klatschend, aber zustimmend nickend kommt er auf mich zu, schüttelt mir die Hand zum Gruß und sagt: »Dem hastet aber jezeigt, wa?«

Während mich ein neues rauschhaftes Gefühl durchströmt, habe ich gleichzeitig ein schlechtes Gewissen. Hatte ich Fred und den General in dem verzweifelten Versuch, Erfolg zu erlangen, missbraucht? Wollte ich mit ihrer Anwesenheit das Café voller aussehen lassen, um das Gesetz der kritischen

Masse in positive Wirkung zu bringen? Vielleicht hätte ich zu einem früheren Zeitpunkt meiner inneren Stimme folgen und die beiden des Hauses verweisen sollen. Andererseits hätten sie sich an die Regeln halten können. Aber der schlafende General hat doch eigentlich gar nicht gestört.

Ich muss an den jungen Kaplan denken, dem ich die schönen Seiten meiner kurzen Messdienerzeit zu verdanken habe. Er hatte mir einmal Aggressionshemmung attestiert.

»Der Herr hat uns die Wut als eine starke Waffe geschenkt. Hab keine Angst vor deiner Wut. Wenn du sie missachtest, so wird Gott sie steuern, und nicht du.«

Die Worte des Kaplans machten mir damals Angst. Die ungelebte Wut werde nicht verschwinden, sondern sich irgendwann an andere Dinge heften, ob ich das wollte oder nicht. Aber der Kaplan forderte mich zu einer Unmöglichkeit auf. Ich wollte mich doch nicht vom Teufel zum Veitstanz bitten lassen. Meine Fähigkeit, immer und in jeder Situation ruhig zu bleiben, hielt ich für eine Tugend, ich fühlte mich damit anderen überlegen und mächtig.

Ich verdrängte die beängstigende Aufforderung und ging mit geheim gehaltener Wut durch das Leben, bis heute, bis der General in meinem Café einschlief. Heute habe ich meine Wut nicht selber gelenkt, sondern eine fremde Macht.

Ich nehme mir vor, mich bei der nächsten Begegnung mit dem General zu versöhnen. Ihm verdanke ich die Bekanntschaft mit einem mir bis dahin unbekannten rauschhaften Gefühl.

Ich atme tief durch, schüttele das schlechte Gewissen ab, klopfe Klamotte auf die Schulter und fühle mich gestärkt und gereinigt, aber auch erschöpft, wie kalt geduscht nach einem Saunagang.

»Mann, Mann, Klamotte, das war vielleicht ein Morgen.«

»Ick sach den Leuten immer, denkt bloß nich, dit Gastro

so einfach is, wi dit aussieht«, tröstet er mich väterlich. »Ick habe aber ooch mal jute Neuigkeiten. Hier haste dein ›k‹. Uffkleben musste aber selber.«

Er überreicht mir eine zusammengerollte Aufkleberfolie, für die ich mich bedanke.

Magnus, Aurinia und Dolores stehen in leicht veränderter Konstellation. Magnus hält Dolores fest umschlungen, ihr Gesicht vergraben in seine Brust. Ich trete an das tapfere Grüppchen heran.

»... deshalb will ich absolut einen Film drehen, über das neue Art von Zusammenleben von Frauen und Männern – ›kvinnor och män‹, so soll der heißen.«

Aurinia hängt an Magnus' Lippen.

»Das mit dem Film hattest du mir ja noch gar nicht erzählt«, melde ich mich zu Wort.

»Ah, da bist du ja endlich!« Aurinia wendet sich mir ungeduldig zu. »Eindeutigere Beweise für paranormale Aktivitäten habe ich selten erlebt.« Sie zeigt auf den nicht barrierefreien Eingang. Am Türrahmen sieht man die Spuren des Kampfes zwischen Freiheitsstatue und Zeus. »Ich kann dir nur mit allem nötigen Nachdruck empfehlen, den Geist der Naziputzfrau schnellstmöglich zu erlösen und endgültig ins Jenseits zu schicken.«

Ich muss erst innerlich das Programm umschalten, für mich hängen die Themen nicht so offensichtlich zusammen. Das Filmvorhaben von Magnus habe ich auch noch nicht verdaut.

»Du meinst sicherlich, dass *du* die Naziputzfrau ins Jenseits beförderst, nicht ich. Ich bin absoluter Laie in so etwas. Noch nie gemacht!«

Aurinia erklärt mir, dass sie die Austreibung zwar leiten und begleiten könne, aber Dolores und ich, die in dem Fall wichtigsten lebenden Personen, dabei sein müssten. Ich solle mir keine Sorgen machen, es wäre einfacher, als man sich das vorstellen würde. Ein wenig wie die innerliche Verabschiedung eines entfernten Verwandten nach dessen Tod.

»Ein kleines Opfer ist aber nötig. Du kannst dir schon mal überlegen, was die alte Naziputzfrau wohl freuen und besänftigen würde, damit sie in Frieden gehen kann.«

»Dass ich ihr schon meine Zeit opfere, reicht wohl nicht aus?«

»An deiner Stelle würde ich das Thema ernst nehmen, sonst findet das Haus keine Ruhe.« Sie schaut auf Dolores.

Magnus nickt bedeutungsvoll dazu und zieht seinen spanischen Schützling noch enger an sich heran.

»Ich bin mir sicher, dass dein Café richtig gut laufen wird, wenn der Spuk erst einmal vorbei ist.«

Bei diesen Worten tritt Aurinia an mich heran. Ich beginne zu verstehen, warum sie ein Medium ist. Ihr Blick geht durch mich durch, was sie sagt, klingt überzeugend, und für einen Moment empfinde ich dieselbe Realität wie sie. Der Vorhang hebt sich kurz. Ich sehe Feen, Gespenster, Fabelwesen und paranormales Allerlei.

Auch wenn ich nicht an diese Dinge glaube, kann die Geistaustreibung nicht schaden. Dolores und die anderen Teammitglieder würden beruhigt sein, außerdem könnte es eine interessante Erfahrung werden, ein wenig neugierig bin ich schon. Ich gebe mich also geschlagen und stimme zu.

In einer Woche werden wir uns treffen. Abends im Keller. An Neumond, das ist der beste Zeitpunkt – laut Aurinia.

In meiner Grundschulzeit nahm ich einmal an einer Séance teil. Ein Mädchen, jünger als ich, behauptete, ein Medium zu sein, wir trafen uns nachmittags in einem verdunkelten Kinderzimmer. Auf dem Schreibtisch die Buchstaben des Alphabets, die Ziffern Null bis Neun und die Worte Ja und Nein auf kreisförmig angeordneten Zetteln. Ein umgedrehtes Glas in der Mitte, auf dem jeder behutsam seinen kleinen, schweißnassen Zeigefinger ablegte. Das Mädchen murmelte und zischelte, seine Lider flatterten, dann öffnete es die Augen und sagte: »Der Geist ist da, ihr könnt jetzt Fragen stellen. Aber fragt nicht danach, wann ihr sterben werdet. Oder irgendjemand anderes sterben wird. Das ist nicht erlaubt und bringt großes Unglück über den Fragenden.«

Ich fragte nach dem Todestag meiner Großmutter. Die war bereits tot, diese Frage war also nicht verboten. Niemand in diesem Kinderzimmer konnte das Datum kennen, ich war mir selber nicht ganz sicher, seit ihrem Tod waren schon einige Monate vergangen. Als ich aber anschließend meine Eltern fragte, stimmte das Datum mit den Angaben des Glases überein. Meinen leichten Schockzustand und die Gesichtsblässe schoben meine Eltern auf die wiederaufflackernde Trauer um die Großmutter. Der arme kleine Kerl hat es immer noch nicht überwunden. Von der Séance wagte ich nicht zu berichten. Ich beruhigte mich aber mit allem, was mir an Rationalität zur Verfügung stand. Das Datum hatte ich doch in irgendeiner Form gewusst, und ich hatte meinen Finger ebenso am Glas wie die anderen Kinder.

Bis eben hatte ich diesen Vorfall erfolgreich aus meiner bewussten Erinnerung verdrängt.

Ich entfalte das zusammengerollte ›k‹. Es ist nicht das ›k‹ vom Schildermacher, passend zur Gestaltung der Tafel, sondern ein schnödes Baumarkt-›k‹. Noch nicht einmal im richtigen Schriftschnitt, es ist kursiv. Klamottes altes Postauto ist bereits wieder verschwunden. Auf meine telefonische Nachfrage teilt er mir mit, dass er sowieso im Baumarkt war und dachte, er könne doch schon mal ein ›k‹ mitbringen. Das richtige ›k‹ würde er schon noch besorgen, da solle ich unbesorgt sein.

Ich säubere die Tafel an der Stelle, an der das ›k‹ fehlt, und klebe es auf. Nun stimmt der Spruch wenigstens wieder: »Das Leben ist *k*ein Ponyhof.«

Ich werde das Gefühl nicht los, dass Klamotte den Gang zum Schildermacher scheut, da er befürchtet, sich lächerlich zu machen. Ich werde noch mal nachhaken, auf die Feinheiten kommt es an. Und um die will ich mich von nun an mehr kümmern und die anderen, für das Geschäft unwesentlichen, groben Baustellen zu Ende bringen. Was ist eigentlich mit der Bewerberin, die sich für die Frühschicht vorstellen wollte? Ist sie gekommen, hat das Treiben gesehen und es sich dann anders überlegt?

»Du, die war hier, ja, aber du warst ja ganz schön beschäftigt, da habe ich ihr gesagt, dass der Job schon vergeben sei«, teilt mir Milena mit.

»Aber sie hätte doch warten oder ein andermal wiederkommen können. Wir suchen Leute! Der Job ist doch gar nicht vergeben.«

Milenas Aussage raubt mir mit einem Mal mehr Energie als die Naziputzfrau, der General und das Lebensmittelaufsichtsamt gemeinsam.

»Weiß ich doch alles. Aber was wäre das für ein Einstieg gewesen? Sie hat ja gesehen, was du mit dem General gemacht hast. Wie hättest du ihr danach denn begegnen wollen?« Sie senkt ihre Stimmlage, schiebt die Schultern, die Unterlippe vor, streckt die Hand zum Handschlag aus. »Hallo, ich bin übrigens der Chef. Willst du hier arbeiten?«

Sie runzelt lächelnd die Stirn.

Fassungslos stehe ich da, und kein Wort will aus meiner Kehle kommen. Im Bruchteil einer Sekunde durchströmen mich unterschiedliche Gefühle, sie werfen mich wie ein Boot auf dem tosenden Meer hin und her. Trauer, Zorn, Mitleid, Hilflosigkeit, Zuneigung, Angst. Sie zieht die Schlinge weiter zu.

»Sonst ruf sie doch noch mal an, sie hat auf jeden Fall eine Menge Erfahrung und sieht auch gut aus. Ich habe ein bisschen mit ihr gequatscht. Sag mal, diese Séance, kann ich da mitmachen?«

Da ist sie wieder. Die Milenaverwirrung. Woher weiß sie schon von der Séance, der ich gerade erst widerwillig zugestimmt habe? Handelt sie böswillig, oder ist sie überzeugt von dem, was sie tut, und will mir wirklich helfen? Versteckt sich dahinter am Ende echte Zuneigung? Eifersucht auf eine mögliche Konkurrentin?

Ich habe den General schachmatt gesetzt, da sollte Milena keine große Herausforderung sein. Sie hat ja nicht einmal einen Rollstuhl.

An dieses neue rauschhafte Generalgefühl erinnere ich mich gerne, das möchte ich in nächster Zeit öfter empfinden dürfen.

Die Bewerberin werde ich anrufen und zurückholen. Wenn sie tatsächlich so viel Erfahrung hat, wie Milena sagt, sollte ich mich um sie bemühen, und wenn sie gutaussehend ist, könnte ich an Milenas Verhalten ihr gegenüber ablesen, was Milena mir gegenüber wirklich empfindet.

11.

TRANSFORMATION UND VOLLENDUNG

Selig sind die Toten, die in dem Herrn sterben«, steht auf dem ersten gusseisernen Kreuz, an dem man vorbeigeht, wenn man den Garnisonsfriedhof betritt. Der Friedhof liegt eine Straßenecke weit entfernt vom Café, etwas versteckt am Beginn der Kleinen Rosenthaler Straße. Er ist von einer hohen Mauer umgeben. Brachen, unsanierte Altbauten, Plattenbauten und ein besetztes Haus sind seine direkten Nachbarn. Hinter dem legendären, nicht mehr existenten Club Eimer liegt er. Berlin-Mitte-Klischees erfüllt er in keiner Weise und liegt doch mittendrin im Scheunenviertel. Ich entdeckte ihn während der Sanierungsphase des Cafés als einen Ort der Ruhe und Abgeschiedenheit. Immer noch ein Geheimtipp, und immer noch sind selbst alteingesessene Berliner überrascht, wie schön er ist, wenn ich sie dorthin führe.

1945 wurde die letzte Beerdigung vorgenommen. In den letzten Kriegstagen verscharrte man mehr als eintausend Tote, meist Zivilisten, in einem Massengrab in der hintersten Ecke des Geländes. Bis dahin wurden nur höhere preußische Offiziere dort begraben, einige der protestantisch-prunkvollen Offiziersgräber sind noch vorhanden. Die meisten sind verschwunden, und so wirkt der Friedhof mehr wie ein Park mit großen alten Platanen. Nach dem Krieg wurde alles zu Brennholz verarbeitet, was Baum war. Genau sechzig Jahre müssten die Platanen also alt sein. Ein Menschenleben.

Nach diesem wilden Morgen heute mit dem Medium und dem General durfte ich bis zum Nachmittag fast ungestört im Lüftungsraum meine Arbeit verrichten. Gestört wurde ich durch den Handelsvertreter des Erfrischungsgetränkekonzerns. Diesmal gab ich mich als Chef aus. Er befand, dass ich ihm irgendwie bekannt vorkäme. Er bot mir an, die Kosten für die Änderung der Speisekartentafeln zu übernehmen, die nötig seien, um seine Marken dort zu präsentieren. Unter der Voraussetzung, dass alle anderen kleinen Erfrischungsgetränkeherstellermarken von den Tafeln verschwänden, könne er sich vorstellen, sogar noch einen hübschen Betrag draufzulegen. Ich lehnte sein Angebot höflich ab. Das ging nicht einfach von der Hand, der Mann hatte jahrelange Erfahrung im Brechen von Widerstand. Am Ende musste ich ihn fast rausschmeißen, darin hatte *ich* heute Erfahrung gesammelt.

Magnus erinnerte ich nochmals an die Fertigstellung des Schichtplanes. Er versprach mir, ihn am nächsten Morgen endgültig fertig zu haben.

Ich verschaffte mir einen Überblick über meine zu erledigenden Aufgaben und versuchte sie zu priorisieren. Das oberste Ziel musste die Umsatzsteigerung sein. Daher setzte ich mich an die Planung des Mittagstischangebots. Die Speisen sollten in Form einer Wochenkarte präsentiert werden. Die wollte ich vervielfältigen und persönlich bei allen mir bekannten und unbekannten Agenturen und Büros um den Rosenthaler Platz herum verteilen.

Die Gerichte sprach ich mit Shanti ab, der Mayakalender erlaubte uns die Hoffnung, dass sie auch schmecken und wir mit ihnen Erfolg haben könnten.

»Nächste Woche ist perfekt, um mit der Wochenkarte zu beginnen. Der Mittwoch, der die Woche beherrscht, steht im 6. Siegel des Uinal, das steht für den machtvollen Tod.«

»Das klingt für mich nicht unbedingt nach einem günstigen Anfang«, gab ich zu bedenken.

»Du solltest deinen Geist erweitern, weg von eurem kleinen westlichen Horizont. Der Tod steht vor allem für den Wandel, nicht für das Ende. Zudem haben wir dann Ton 9, der steht für Vollendung. Also kann man in dieser Zeit Transformation in Richtung einer Vollendung erwarten.«

Shanti hatte sich wieder ganz beruhigt, seinen Finger hatte er erfolgreich ohne fremde Hilfe verbunden und mit einem Überzug geschmückt.

»Transformation und Vollendung klingt genau nach dem, was ich gerade gut gebrauchen kann. Aber was ist das für ein Überstülper, den du da am Finger trägst?«

»Das ist ein Latex-Wundschutz-Fingerling. Habe ich in der Apotheke gekauft, die Quittung liegt in der Kasse. Ist im Prinzip ein sehr kleiner Kondom.« Er grinste mich an.

Dörte, die alte, klapprige Hündin, Florians einziges Andenken an seine Münchner Ehe, unterbrach unsere Unterhaltung hechelnd und winselnd. Sie war unerlaubterweise in die Küche gekommen.

Shanti freute sich darüber und beugte sich zu ihr hinunter. Dörte war vor allem an Shantis Verletzung interessiert. Gab es Kondome für Hunde? Püppikondome?

Ich fasste Dörte am Halsband und zog sie aus der Küche in den Gastraum zu ihrem Herrchen.

Ich war lange Zeit nicht mit Florian verabredet gewesen. Ich hatte beschlossen, dass es mir guttäte, meine Sozialkontakte wieder zu beleben, auch um meine zwischenmenschlichen Messinstrumente zu eichen, die seit geraumer Zeit nur mit Daten von Mitarbeiterbeziehungen gefüttert worden waren.

Er holte mich im Café ab, und in Anbetracht des schönen Herbstnachmittags suchten wir den Garnisonsfriedhof auf, den auch er und Dörte noch nicht kannten.

Am Tiefpunkt seiner Beziehungskrise hatte Florian mich angerufen und um Rat gefragt. Er hatte in München alles versucht, um seine Frau und die Kinder zurückzuerobern. So in die Ecke gedrängt, offenbarte sie ihm schließlich, dass das zweite Kind nicht von ihm, sondern von ihrem neuen Freund sei und die Affäre schon deutlich länger liefe, als bisher eingestanden. Erstaunlich viel länger, schmerzhaft länger.

»Das ist noch nicht alles. Der Neue ist nicht irgendein Unbekannter, so wie sie es mir die ganze Zeit vorgemacht hat, es ist ein Kollege von mir, aus dem Büro. Du weißt, wie klein meine Firma ist.«

Florian arbeitete als Bauleiter in einem Architekturbüro in München.

»Du solltest dich vielleicht nach einem anderen Büro umsehen«, riet ich ihm.

»Ich sagte ihr, dass ich nun nicht mehr bereit wäre, den Unterhalt des Kindes zu tragen, dessen Vater ich gar nicht bin. Sie verwies mich nur an ihren Anwalt, denn rein juristisch ist dieses Kind, solange wir noch nicht geschieden sind, auch mein Kind.«

»Du solltest dich vielleicht auch nach einer anderen Frau umsehen«, riet ich ihm weiter. Im Verlauf des Telefonats stellte sich heraus, dass er sich auch nach einer anderen Stadt umschauen sollte.

Florian zog fluchtartig nach Berlin, um einen Neuanfang zu schaffen. Er fand schnell einen Job in einem renommierten Architekturbüro am Potsdamer Platz. Sein leibliches und sein juristisches Kind besucht er jedes zweite Wochenende in München.

Florian geht es im Moment nicht gut. In den letzten Wochen war er gerne abends Gast im Café. Er hat mir und allen anderen immer wieder die Geschichte seiner Trennung offenbart und seinen Schmerz dargestellt. Alle wissen nun, was für ein Monster Florians Frau ist. Vorsichtige Einwände, dass bei aller Boshaftigkeit seiner Frau immer auch der andere, in diesem Falle er, Florian, Anteil an einer solchen Entwicklung habe, nahm er vordergründig zwar an, aber er veränderte nicht den Blickwinkel, und die Platte blieb in der immer gleichen Rille hängen.

»Wie läuft es mit deinem neuen Job?« Ich betrete vermeintlich unvermintes Gebiet.

Florian hat seinen Kleidungsstil innerhalb kürzester Zeit von München auf Berlin umgestellt. Das macht Berlin mit den Kleinstädtern. Barbour-Jacke und hellblaues Hemd hat er eingetauscht gegen Trucker-Cap, Jeans, T-Shirt, Parka und Sneakers. Sein blondes Haar trägt er nun länger, die Trennung hat es an den Seiten silbrig erglänzen lassen.

»Ach, die zahlen ja gut, aber es ist stinklangweilig. Wenigstens habe ich da am Potsdamer Platz einen schönen Ausblick. Ich arbeite an der Bauausführung eines großen Ärztehauses in Moabit. Spannend, sage ich dir.« Das ›a‹ von spannend zieht er in die Länge und lacht.

Wir haben uns aus dem Café zwei Flaschen Bier mitgenommen, mit denen wir, auf einer Bank sitzend, klirrend anstoßen. Vor uns auf dem Kiesweg liegen viele Zigarettenstummel, daneben liegt Dörte. Wir machen immer wieder kleine Pausen und recken unsere Gesichter Blumenblüten gleich so in die tiefstehende Sonne, dass die größtmögliche Fläche beschienen wird. Wir sprechen langsam. Wir haben Feierabend.

»Du weißt gar nicht, wie gerne ich mit dir tauschen würde«, sage ich. »Die Vorstellung, ein übersichtliches Aufgabenfeld vor mir zu haben und vor allem am Monatsanfang regelmäßig Kohle überwiesen zu bekommen, finde ich sehr anziehend. Und wenn es dann auch noch viel Geld ist …«

»Aber das mit dem Café ist doch das, was du unbedingt machen wolltest. Du machst doch immer genau das, was du machen willst. Ohne Rücksicht auf Verluste. Ich habe dich immer darum beneidet. Du hast Software programmiert, als noch niemand wusste, was ein Computer ist, du warst Musiker, du hast Werbekampagnen für Telefonsexhotlines gemacht. Jetzt bist du Gastwirt mit so einem Riesenladen mitten in Berlin. Das wird schon, das braucht eben Zeit. Aber wenn du darauf bestehst, ja, lass uns tauschen.«

Als ich gerade dreizehn geworden war, wünschte ich mir zum Weihnachtsfest 1985 eine Atari-Spielkonsole, die man ans Fernsehgerät anschließen konnte. Vor allem nach dem Tennisspiel mit zwei Balken als Spielern und einem viereckigen Ball sehnte ich mich. Meine Eltern ließen sich zu diesem Thema im Radio- und Fernsehfachgeschäft Könen in der Kleinstadtsenke beraten. Herr Könen riet zu einem Commodore C64 anstelle der Atari-Spielkonsole. Mit dem könne man Computerspiele spielen, es sei aber auch ein richtiger Homecomputer.

Meine Enttäuschung war groß. Ohne weiteres Zubehör konnte man nur Basic programmieren. Die beiliegende Floppy Disk riss ich auf und nahm die Magnetfolie heraus. Ich wunderte mich, wie schwer sie zu öffnen war. Ich dachte, es handele sich um eine Art Schallplatte. Die Floppy Disk war damit zerstört.

Auf Anregung meines Vaters entwickelte ich eine Software, eine in Basic programmierte Datenbank, die Ärzten die Abrechnung der Privatpatienten im Vergleich zum traditionellen Maschinenschreiben der Sekretärin erheblich erleichterte. Mein erster Kunde war mein Vater. Einziger Nachteil war, dass nur ich die Datenbank bedienen konnte. Auf die Ergonomie des User Interfaces hatte ich in der Entwicklung nicht unbedingt den Schwerpunkt gelegt. Aber im Laufe der nächsten Monate konnte ich zwei weitere Lizenzen verkaufen. Das war der Beginn meiner Selbständigkeit. Die Kunden waren Arztkumpels meines Vaters, die auch Söhne in meinem Alter hatten. Die wiederum freuten sich, nun endlich einen vernünftigen Grund zur Anschaffung eines C64 gefunden zu haben. Die Umschulung der Söhne zu Datenbankfachkräften und auch den Support und einige Updates ließ ich mir gesondert vergüten. Ich hatte ein Monopol geschaffen, und das Marktpotential war unendlich groß.

Als ich kurze Zeit später gemeinsam mit den anderen von mir ausgebildeten Datenbankfachkräften in die Labyrinthe der Pubertät abtauchte, erlöste mich das Platzen meiner ersten persönlichen Dotcom-Blase aus meinen Lizenzverträgen. Die ersten professionellen Praxiscomputersysteme, die auf MS-DOS-Basis gebaut waren, kamen auf den Markt und umfassten als kleines Tool auch die Privatabrechnung auf Knopfdruck – mit User Interface, das damals Eingabemaske hieß.

Als ich einige Jahre später von Steve Jobs hörte, bereute ich den Ausstieg aus der Computerbranche doch ein wenig.

Die Erfahrung der Selbständigkeit allerdings blieb haften. Ich schwenkte um in eine andere Branche. Mein Vater hatte ein Vertikutiergerät für den Rasen gekauft, das nutzte ich, um die Rasen der Nachbarschaft zu vertikutieren. Die Nachbarn wussten bis dahin nicht einmal, was Vertikutieren war. Man ritzte mit einer Art großem Rasenkamm den Boden zur Belüftung an und riss dabei das Moos heraus. Das passte viel besser zu meiner Pubertät, als die nerdige Softwareverkäuferei. Wie in einer Szene in »Die Reifeprüfung« vertikutierte ich, dem jungen Dustin Hoffman gleich, mit wilden Fantasien im Kopf, in denen unsere Nachbarinnen und deren Töchter die Hauptrollen spielten, mit nacktem Oberkörper die nachbarschaftlichen Rasen, bis sie völlig entmoost waren.

Direkt nach dem Vertikutiervorgang sahen die Rasen alles andere als gesund aus. Ich wurde selten zweimal vom gleichen Kunden gebucht. Zudem blieb jegliche Form von Abenteuer aus. Das Vertikutierbusiness hängte ich enttäuscht an den Nagel.

»Meine ganzen Unternehmungen waren doch nie so richtig erfolgreich«, erwidere ich Florian. »Vielleicht habe ich einfach nie etwas konsequent zu Ende gebracht? Kann alles, aber nix richtig? Wer weiß denn schon, was er genau machen will? Ist es nicht so, dass man sich zu jeder Zeit nach dem anderen sehnt, nach dem, was man gerade nicht hat? Und muss man Freiheit immer gegen Sicherheit tauschen? Kann es nicht beides geben?«

»Bis gerade eben noch habe ich in meiner heilen Münchner Kleinfamilienwelt gelebt und hatte mehr Sicherheit als alles andere, und von heute auf morgen bricht alles zusammen. Rums! Da will man doch lieber Freiheit und Unsicherheit als Unfreiheit und Sicherheit, die jederzeit verschwinden kann. Es gibt keine Sicherheit. Sicherheit ist nur eine Illusion. Ein Trick der Psyche.«

»Genau. Die großen versunkenen Schätze liegen draußen in der weiten, offenen See, feste Anlegeplätze findet man an der Küste.« Darauf stoßen wir ritterlich an. Wenn alles immer so romantisch wäre.

»Ich habe einen ganz schön großen Haufen Schulden an der Hacke. Das Bankdarlehen ist die eine Sache, da beginnt jetzt im Oktober die erste Tilgungsrate. Ich dachte, der Laden würde bis dahin viel, viel besser laufen. Nebenbei habe ich Mietschulden, privat wie geschäftlich, Schulden beim Finanzamt, Schulden bei Lieferanten, Baurechnungen sind unbeglichen. Keine Ahnung, ob ich das überlebe.«

»Soll ich dir Geld leihen?«

»Nein, danke, aber so war das nicht gemeint. Ich kann schlecht noch mehr Schulden aufhäufen. Schulden mit Schulden bekämpfen, das ist nicht gut. Ich muss den Laden zum

Laufen bringen. Irgendwie durchhalten. An die offene See denken und weitermachen.«

Wir prosten uns zu und photosynthetisieren noch mal ein wenig. Das auffälligste Gebäude, das man von unserer Bank aus sehen kann, ist das besetzte Haus. Linienstraße 206. Bunte Fensterrahmen und die unmittige Parole »Soldaten sind Mörder« schmücken die graubraune Fassade. Wenn ich nicht wüsste, dass das Zufall ist, würde ich denken, dass es eine Kunstaktion wäre. »Soldaten sind Mörder« als Parole gut sichtbar von jedem Grab auf dem preußischen Garnisonsfriedhof aus. Als würde man einem hilflosen Vampir eine Knoblauchkette umhängen.

Der Trommler meiner Band wohnte früher in dem Haus. So hatte ich das Heiligtum von innen besehen dürfen, es war gut bewacht gewesen und verschlossen, aus Angst vor Zwangsräumung. Im Erdgeschoss fehlte die Kellerdecke, sie war ersetzt worden durch dicke Taue, auf denen man zum Treppenaufgang, der zu den oberen Etagen führte, balancieren konnte. Das Erdgeschoss wurde damit zu einem bizarren hallenartigen Raum, der an ein altes Schiff erinnerte. Die Wohnungen, die sich oben befanden, hatten allesamt keine Türen, und jeder konnte jeden Raum nutzen. Größte Freiheit, keine Sicherheit. Der Trommler verschwand von heute auf morgen, mitsamt dem wertvollen alten »Orange«-Verstärker unseres Gitarristen. Später erfuhr ich, dass er heroinabhängig war. Das hatte ich als junges Kleinstadthäschen nicht bemerkt.

»Zumindest werde ich bald einen Ausgleich haben zu meinem piefigen Bürodasein«, unterbricht Florian meine Gedanken, »wenn das mit Magnus' Projekt klappt.«

Das Filmprojekt. Ich hatte gedacht, Magnus wolle als Kunstfotograf arbeiten, aber Foto und Film liegen ja nah beisammen.

»Ja, von dem Filmprojekt habe ich gehört. Wärst du dann Schauspieler?«

»Filmprojekt? Davon weiß ich nichts. Ich meine seine Café-Eröffnung. Dafür würde ich Planung und Umbau machen.«

Meine Verwunderung kann größer nicht sein. Florian klärt mich auf. Magnus hat beschlossen, neben seiner Kunstfotografie als sicheres Standbein ein Café zu eröffnen. Angeblich habe er schon Räume auf der Torstraße an der Hand, aber als Florian auf eine Besichtigung drängte, wurde diese immer wieder verschoben. Das Café habe sogar schon einen Namen: Ettan + Tvåan. Das ließe sich nicht direkt übersetzen, es sei die Bezeichnung der Unisextoiletten in dem Café in Stockholm, das er geleitet habe. Das Café solle zur besseren Verständigung zwischen Frauen und Männern beitragen.

Schön, dass ich das auch mal erfahre. Damit hätte Magnus mir gegenüber offen umgehen müssen, bevor ich es von Dritten höre. Magnus scheint einiges vorzuhaben.

»Und Milena?«, fragt Florian. »Was ist mit dir und Milena?«

»Warum sprechen mich immer alle auf Milena an? Was soll schon mit ihr sein?«

»Ich dachte, da wäre schon längst was gelaufen. Zumindest hat sie solche Andeutungen gemacht.«

Ich nehme mir vor, Milena bei nächster Gelegenheit zur Rede zu stellen. Das muss geklärt werden. Florian stimmt mir da voll und ganz zu. Nach seiner jüngsten Erfahrung plädiert er für absolute Offenheit und Ehrlichkeit in Beziehungen.

»Dass es dich immer noch auf Friedhöfe zieht ...«, wechselt Florian das mir offenkundig unangenehme Thema. »Früher habe ich das nie verstanden. Bei diesem Friedhof hier kapiere ich es zum ersten Mal.« Florian schaut sich wohlwollend um und sucht noch einmal die Sonne.

»Das lag doch an den Beerdigungen. Da gab es immer

das meiste Trinkgeld. Mehr noch als auf Taufen und Hochzeiten.«

»Aber dich hat es ja auch außerhalb deines Ministrantendaseins zu den Toten gezogen. Das habe ich nie begriffen. Man geht doch nicht freiwillig auf Friedhöfe.«

Mit neun Jahren darf man Messdiener werden. In diesem Alter war ich tiefgläubig im Sinne der katholischen Kirche und konnte es gar nicht abwarten, nach meiner ersten heiligen Kommunion endlich Gott und seinem Priester dienen zu dürfen. Zuhause hatte ich Geschirr und Backoblaten und fertig gemischte Apfelschorle von »Merziger Fruchtsäfte« zusammengesucht, um auch dort die heilige Wandlung vornehmen zu können. In diesem Spiel war ich der Priester und mein kleiner Bruder der Messdiener. Wir haben etliche Backoblaten in den Leib Christi verwandelt und aufgegessen, sie schmeckten wie Esspapier, nach der Wandlung etwas süßer als davor.

Meine Messdienerkarriere und damit auch mein Glaube an Gott endeten jedoch mit einem einschneidenden Erlebnis.

Ich diente auf einer Beerdigung. Ein bekannter Apotheker der kleinstädtischen Senke war verstorben. Alles, was Rang und Namen hatte, verabschiedete das ehrwürdige Mitglied aus den Kreisen des Bürgertums. Es wurde viel und heftig geweint. Nach der Andacht in der Kapelle zog der Tross zum Grab. Mein Job war es, das Kreuz zu tragen. Das Kreuz mit Jesus war aus Blech, an einem langen Holzstab befestigt, gut und gerne zwei Meter fünfzig hoch. Der Kreuzträger ging an der Spitze, direkt gefolgt vom Sarg. Der lag auf einem Wägelchen, dessen Gestell und quietschende Räder von schwarzem Stoff verdeckt waren und der von zwei Totengräbern geschoben wurde. Dahinter kamen der Priester und die anderen Messdiener, dann die Trauernden.

Ich wollte, dem feierlichen Anlass geschuldet, das Kreuz

besonders hoch halten. Dabei verfing es sich in einem Baum. Ich musste stehen bleiben, um Jesus zu befreien, die gesamte Trauergesellschaft musste stehen bleiben. Jesus war wie verknotet in den biegsamen jungen Zweigen. Einer der Totengräber kam mir zu Hilfe, ein kräftiger Ruck befreite Jesus und löste leider auch einen mittelgroßen Ast, dem der Totengräber und ich gerade noch ausweichen konnten, der dann aber krachend auf dem Sarg des Apothekers landete, der nicht mehr ausweichen konnte. Der andere Totengräber entfernte den Ast dezent, als wäre nichts geschehen. Die Trauergesellschaft konnte ihren Weg fortsetzen.

Auf Beerdigungen neigte ich schon immer zum Lachen. Wahrscheinlich eine Art paradoxe Schutzreaktion, um die Betroffenheit der anderen nicht an mich heranzulassen. Als ich nun die Beerdigung mit tiefergelegtem Jesus wieder anführte, half selbst heftigstes Lippengebeiße kaum noch, um mein Lachen zu unterdrücken. Am Grab musste ich mich zu allem Überfluss hinter den Schacht stellen und das Kreuz während der Zeremonie leicht gesenkt über dem Sarg schweben lassen. So war ich der Einzige, der alle anderen anschaute. Jesus und mich schüttelten Lachkrämpfe durch. Ich versuchte sie zu unterdrücken, so dass dieser Kampf glücklicherweise wie Verzweiflung und Trauer wirkte und niemand Verdacht schöpfte.

Wie konnte Gott mich einer derartigen Prüfung unterziehen? Abrahams Probe war ein Kindergeburtstag gegen das, was ich erleben musste. Es war ein Albtraum. Unter Schock zog ich anschließend mein wallendes rot-weißes Gewand aus und hängte den Messdienerdienst an den Nagel. Mein Glaube begann zu bröckeln, bis er kurze Zeit später ganz verschwand.

Florian hat recht. Es zieht mich seitdem immer wieder auf Friedhöfe. Am Kriegerdenkmal des Friedhofs der Kleinstadtsenke bekam ich meinen ersten richtigen Kuss. Wenn ich einen Friedhof sehe, muss ich ihn mir ansehen.

»Du hast recht. Ich mag Friedhöfe. Das muss an meinem unverarbeiteten Beerdigungstrauma liegen. Habe ich noch nie drüber nachgedacht.«

»Wie meine Frau, die muss immer in Kirchen gehen. Meine Exfrau, muss ich wohl eher sagen. Die hat da bestimmt auch irgendein Trauma. Na ja, mit den Kirchen kann sich ja jetzt der Neue rumschlagen. Ich hasse Kirchen.«

Florian hat das Thema erstaunlich lange ausgespart. Nun aber springt die Nadel in die Rille, und der wohlbekannte Song wird abgespielt: Wenn sie es ihm früher gesagt hätte, hätten sie noch eine Chance gehabt. Fremdgegangen wird jeden Tag, aber so skrupellos, also das ist wohl noch niemandem passiert. Dass sie schon seit zwei Jahren keinen Sex mehr hatten, war doch Alarmzeichen genug, er hat ja immer gewollt, aber sie nicht. Kein Wunder, ließ sie es sich ja schön von seinem Arbeitskollegen besorgen, der ja auch sehr fruchtbar zu sein scheint, dieses Schwein. Als Mann kann man sich nie sicher sein. Die Freunde haben immer gesagt, was für ein tolles Paar sie waren. Selbst jetzt noch hört er das immer wieder.

Vor Jahren hat ein umsichtiger gemeinsamer Freund eine Regel festgelegt. Für zwölf Monate nach einer Trennung gilt: Es darf getrauert, gejammert und gezetert werden. Der Gehörnte darf jederzeit ein Gespräch einfordern, und die anderen müssen zur Verfügung stehen und sind verpflichtet, sich die Geschichte so oft anzuhören, wie der Verlassene es für richtig hält. Im Gegenzug ist nach Ablauf der Zwölf-Monats-Frist jede Art von Kommunikation über die Trennung absolut verboten. Die anderen dürfen sich bei Zuwiderhandlung verweigern.

Diese Regel funktioniert gut. Während Florian erzählt, rechne ich nach. Neun Monate darf er noch.

Vor uns liegt Oberstlieutnant Heinrich von Gutzmerow. 1785–1861. »Seid fröhlich in Hoffnung / geduldig in Trübsal / haltet fest am Gebet«, steht auf seinem Kreuz. Wie der es wohl mit den Frauen geregelt hatte?

»Du weißt, ich bin sicherlich nicht der beste Ratgeber in Bezug auf die Rettung von Beziehungen, die verlaufen bei mir ja eher so wie meine Unternehmungen. Aber wenn du dich zwischendurch ablenken willst, würde ich mal mit Magnus ausgehen, der ist immer noch ganz wild unterwegs, soweit ich das abschätzen kann.«

Dörte hebt müde den Kopf, sie nimmt eine Witterung auf. Die Zwillinge betreten mit Püppi den Garnisonsfriedhof, sie bleiben am Eingang stehen, Püppi springt vom Arm, kauert sich zusammen und zittert ein Würstchen auf den preußischen Offizierskiesweg. Das braucht seine Zeit.

Einer der Zwillinge beugt sich hinunter, feuert Püppi an und beglückwünscht ihn am Ende zu seinem Geschäft. Fein gemacht, Püppi! Die andere Schwester sammelt das Würstchen auf. Sie sind recht weit von uns entfernt, aber ich meine erkennen zu können, dass es sich bei dem Werkzeug, mit dem das Würstchen aufgesammelt wird, um einen weißen Einwegbecher zum Mitnehmen handelt. Der Einwegbecher ist mit einem Stempel verziert.

12.

FEINHEITEN

Muss man jetzt mit dem Schweden in die Kiste hüpfen, wenn man nicht jeden Sonntagmorgen in die Frühschicht eingeteilt werden will?«

Kaja legt einen Ausdruck des neuen Schichtplans vor mir auf die Arbeitsfläche in der Küche, wo ich mit Shanti über den Start der Wochenkarte spreche. Kaja ist sonst eine eher ruhigere, in sich gekehrte Mitarbeiterin, von der man nie etwas Persönliches hört.

Heute ist der fünfzehnte Jahrestag der Deutschen Einheit, und heute ist Neumond. Der Feiertag an einem Montag erzeugt ein verlängertes Wochenende. Die Wetterhäuschentheorie hat sich in den letzten Tagen bestätigt. Das gesamte verlängerte Wochenende ist grau und verregnet. Das ist gut fürs Geschäft. Der Laden läuft seit zwei Tagen ein wenig in die Richtung, die ich mir erträumt hatte. Noch steigerungsfähig und noch nicht ausreichend, aber stetig belebt und nicht leer. Das ist noch keine Lösung für die Geldsorgen, aber eine positive Entwicklung, die mir Mut zurückgibt und mich wieder fester an das Konzept glauben lässt.

Ich schaue auf den Ausdruck, die Arbeitsplatte ist feucht, man kann zusehen, wie der Ausdruck aufweicht, die Farbe verändert, transparent wird, Wellen schlägt. Die Buchstaben verlaufen, das muss wohl ein Tintenstrahldruckerausdruck sein. Warum hat Magnus dann bei mir eine Quittung aus dem

Copyshop eingereicht? Was hat er denn kopiert, wenn nicht den Schichtplan? Ich versuche den Tintenstrahldruckerausdruck vor der endgültigen Auflösung zu retten, dabei fällt er auseinander. Die einzelnen Teile schiebe ich auf der Arbeitsplatte wieder halbwegs zurecht. Ein trauriger Anblick, dieser Schichtplan.

»Also, ich hätte nichts dagegen, mit Magnus zu vögeln. Ich war neulich mit ihm in der Sauna, und ich sage euch …« Shanti bricht den Satz ab und hebt anerkennend die Augenbrauen.

»Was ist denn mit dem Schichtplan nicht in Ordnung?«, frage ich Kaja, ohne auf Shantis Bemerkung einzugehen. Magnus scheint nie zu schlafen und nie alleine zu sein.

»Ich bin an jedem Sonntag für die Frühschicht eingetragen. Das finde ich nicht fair. Wir haben die Sonntage doch sonst immer so aufgeteilt, dass Milena und ich jeweils abwechselnd einen Sonntag frei hatten. Jetzt hat Magnus das Erstellen der Schichtpläne übernommen – und dann das!« Sie zeigt auf den mittlerweile vollends aufgeweichten, unleserlichen Tintenstrahldruckerausdruck. Kaja trägt heute grüne Daisy-Duck-Schuhe.

»Nun, ich glaube, da ist einfach was schiefgelaufen, es kann auch sein, dass ich beim Briefing vergessen habe, das Magnus gegenüber zu erwähnen. Wieso denkst du, dass man deshalb mit ihm in die Kiste muss?«

Kaja erklärt mir, dass sie Magnus selber noch mal auf diese Regelung hinwies, nachdem sie erfahren hatte, dass er nun die Schichtpläne erstellt. Ich halte das für den Beweis meiner Vermutung, dass es sich dann nur um einen unbeabsichtigten Fehler handeln kann. Magnus muss sich in das Thema erst mal einarbeiten. Ich verspreche ihr, das unverzüglich zu ändern.

»Aber was wolltest du vorhin mit deiner Bemerkung andeuten? Mit der Kiste?«

»Ach, ist mir so rausgerutscht. Ich dachte, das könnte damit zusammenhängen, dass hier offensichtlich jeder mit jedem rumvögelt, nur eben ich nicht, und dass sich das nachteilig auf meine Schichten auswirkt.«

Kaja hält Magnus' Fehler für einen Beweis ihrer Vermutung.

»Dolores und Magnus haben vermutlich sexuellen Kontakt, so wie es aussieht. Sonst weiß ich nicht, wer hier noch mit wem rumvögelt.«

Ich habe Milena noch immer nicht zur Rede gestellt, das hat sich einfach nicht ergeben, ich wollte keine riesige Sache daraus machen und sie nur deshalb zu einem Gespräch bitten. Beiläufig, wie zufällig, wollte ich es abfragen, schließlich ist das kein großes Thema für mich.

Kaja geht in den Keller, um sich für ihre Abendschicht umzuziehen. Als sie die Treppe hinuntersteigt, ruft sie in die Küche: »Ich sag mal so, die Schweden scheinen einen sehr offenen und körperlichen Umgang zu pflegen. Ist ja aber auch egal. War eine dumme Bemerkung. Hab mich schon wieder beruhigt. Hauptsache, ich kann sonntags ab und zu mal ausschlafen.«

Alle vögeln rum, nur Kaja nicht. Und ich? Ich vögele rum und bekomme leider nichts davon mit. Wenn das Gerücht umgeht, dass ich mit Mitarbeiterinnen Sex habe, dann ist ja der Hauptgrund dafür, nicht mit Mitarbeiterinnen Sex zu haben, nämlich das Vermeiden von Gerede und Gerüchten, nicht mehr gegeben. Vielleicht sollte ich mal mit einer Mitarbeiterin Sex haben? Dann wären die Gerüchte auch berechtigt. Will denn überhaupt eine meiner Mitarbeiterinnen mit mir Sex haben? Hallo – will hier irgendjemand auch mal mit dem Chef Sex haben?

Als könnte er meine Gedanken lesen, nickt Shanti mir breit

grinsend zu, als wolle er sagen: Mach doch mal. Sei doch nicht so verklemmt. Wir sind hier in der Gastro und nicht im Vorstand der Deutschen Bank.

Milena tänzelt beschwingt vorne durch den Tresen. Ihre Schicht ist jetzt bald zu Ende. Die Frühschicht und die Abendschicht überlappen sich ein wenig. Ich werde das Gefühl nicht los, dass sie weiß, was wir gerade in der Küche besprochen haben, dass sie alle Fäden in der Hand hält und ich die Marionette bin.

Nach dem Vorfall mit dem General ist die gesamte letzte Woche zäh verlaufen. Das berauschende Gefühl, meine Wut auszuleben, sie nicht mehr geheim zu halten, war schnell verflogen, was blieb, war meine Sehnsucht danach. Wie die Sehnsucht nach dem ersten überwältigenden Kick einer neuen unbekannten Droge.

Der Sonntagsfehler ist nicht der einzige Fehler, den Magnus bei der Erstellung des Schichtplans gemacht hat. Gemecker und Gezeter hat es nach der Veröffentlichung immer gegeben, auch als ich ihn noch erstellte. Ursprünglich wollte ich ein selbstverwaltetes, für alle Mitarbeiter zugängliches Schichtsystem mit Hilfe eines Online-Kalenders aufbauen. Derjenige, der die Schichtpläne erstellt, muss auch die unbeliebten Schichten zuteilen, damit macht er sich angreifbar. Wenn das selbstverwaltet geschieht, so war meine Überlegung, würde es keine Probleme geben, niemand müsste den Buhmann spielen. Aber kaum einer meiner Mitarbeiter hatte die nötige Affinität zum Internet. Das war zu einer Zeit, zu der man sich nach der Begrüßung noch fragte, ob man in den letzten Tagen eigentlich mal seine E-Mails gelesen habe. Folglich lief mein Plan ins Leere, und ich schwenkte um. Auf handgemachte Schichtpläne, vom Chef persönlich frisch ausgedruckt. Zudem lernte ich schnell, dass ein Mitspracherecht der Mitarbeiter bei der Verteilung der Schichten recht große Probleme aufwirft und nicht zur Effektivitätssteigerung beiträgt, geschweige denn zu weniger Konflikten führt, als ein faschistisch-autoritär erstellter Schichtplan.

Magnus hatte, als ich ihn danach fragte, das Thema seiner Cafégründung heruntergespielt. Er hätte eben gehört, dass da was frei würde in der Torstraße, und mal laut darüber nachgedacht, dass er vielleicht ein Café eröffnen könnte. Dass Florian das gleich als Job auffasste, konnte er ja nicht wissen. Er beteuerte, dass er mir als Erstem mitteilen würde, wenn er ein Café aufmachen wolle. Das mit dem Film, das sei schon ernster gemeint, da arbeite er am Konzept, und gerade in meinem Café, da gäbe es ja viele Schauspieler und Kollegen, die noch gar nicht wüssten, welche schauspielerischen Fähigkeiten in ihnen schlummerten. Florian habe übrigens auch Interesse am Kulissendesign angemeldet. Für die Filmbauten benötige man einen kreativen Architekten.

Florian ist innerhalb kurzer Zeit vom unkreativen Bauleiter zum kreativen Architekten für No-Budget-Filmbauten aufgestiegen. Berlin verändert nicht nur den Kleidungsstil der zugezogenen Kleinstädter rasend schnell.

Die Schichtpläne hat Magnus im Copyshop vervielfältigt, dann zu Hause bemerkt, dass sich ein Fehler darin befand. Daher hat er sie noch mal auf seinem Tintenstrahldrucker gedruckt – auf eigene Kosten. Er konnte mir nicht genau sagen, welchen Fehler er entdeckt hatte.

Die Sonntagsfrühschichtregel war ihm unbekannt. Er versicherte mir, bei der Erstellung des nächsten Schichtplanes mehr Sorgfalt walten zu lassen.

Der General ist seit dem Rausschmiss nicht mehr in das Café gekommen, er verkauft seine selbstverlegte Obdachlosenzeitschrift genau vor dem Eckeingang. Das kann ich ihm nicht untersagen, es ist öffentliches Straßenland und nicht mehr Teil meines Schankvorgartens, für dessen Nutzung ich Steuern zahle und in dem mein Hausrecht gilt. Der General schnitt mich, wenn ich ihn grüßte. So gab ich das Grüßen nach ein paar Tagen auf. Fred war nicht mehr zu sehen.

Es klopft hart an das Küchenfenster, einer der Zwillinge nutzt dazu einen Fingerring. Ein Weckruf. Sie geben Zeichen, ich solle zu ihnen herauskommen. Sie müssten mir da etwas zeigen. Ich schiebe den aufgeweichten Schichtplan von der Arbeitsplatte in den Mülleimer und verlasse die Küche.

»Pass uff, Meester. Janz jeheime Informationen – für dich exklusiv.« Sie tritt nah an mich heran, ich senke instinktiv den Kopf, höre Püppis Hecheln überdeutlich, er sitzt auf ihrem Arm.

»Mehmet hat Probleme mit seinem Kiosk, der macht dit nich mehr lange da unten. Dit is die Chance für dich, richtig jut ins Jeschäft zu kommen.«

»Was meinst du denn damit? Welche Chance?«

»Überleg doch mal, Junge! Wenn dit Ding da unten …«, sie deutet auf die Treppe, die hinunter zum U-Bahnhof Rosenthaler Platz führt, »frei wird, da kannste richtig Jeld mit machen. Keen Vergleich zu deinem Riesenschiff hier oben.«

»Verstehe! Aber wenn es ihm doch da unten finanziell nicht so gut geht, warum sollte ich dann mehr Glück haben?«

Die beiden schauen sich ungläubig an. »Den Wessis muss man aber auch allet uffm Silbertablett präsentieren, wa?« Balkenmodus. Die andere nickt und schüttelt gleichzeitig den Kopf, das beherrschen nur gebürtige Berliner. Dann wird mir mitgeteilt: »Denk doch mal scharf nach. Dit Dingen nennst du ›St. Unterholz‹!« Sie macht eine Pause, um die Wirkung dieser großen Idee auf mich zu genießen. »Na? Hastet? Besser geht dit nich. Und bei Mehmet läuft dit nich, weil Mehmet sein Kaffee einfach nich schmeckt. Früher warn wa immer bei ihm, nu gehen wa zu dir. Da sind wa hier nich die Einzijen.«

Wen könnten sie sonst noch meinen? Fred und den General? Habe ich Mehmet die Stammkundschaft weggenommen? Erklärt das die Art der bunten Mischung meiner Gäste? Ich hätte nicht gedacht, dass ich eine Konkurrenz für Mehmet sein könnte. Dass meine ölige Emulsion besser schmeckt als seine wässrige Lösung freut mich sehr, wirklich überraschend ist dieser Fakt andererseits aber nicht. Dass die Zwillinge dem Standort unter Tage mehr Potential zuschreiben als dem großen alten Ex-Aschinger im Tageslicht, verunsichert mich hingegegen.

Trotz dieser Verunsicherung weiß ich eines ganz genau: Ich will im Moment auf keinen Fall noch einen Laden eröffnen, eine schlimme Vorstellung, bei der sich mir der Unterbauch krampfhaft zusammenzieht.

Die Hirnhälften korrespondieren indessen munter weiter: »Haste ja kaum Miete zu zahlen, is ja kleen.«

»Dit is ja allet nur zum Mitnehmen, wat de da unten machst. Dit is ja der große Vorteil.«

»Eben. Keene Toiletten, keen Jeschirr, und vor allem muss ja jeder da vorbeijehen, wenn er in die U8 will.«

»Und in die U8 wollen se alle!«

Ich möchte die beiden nicht vor den Kopf stoßen, vor allem nicht, wenn ich mich wie ihr Hirnbalken fühle.

»Es ist wirklich sehr nett von euch, dass ihr da an mich denkt. Ich gehe mir den Laden mal anschauen und rede mit Mehmet, dann sehen wir weiter.«

Mit Mehmet reden, das halten die Zwillinge für keine gute

Idee, da Mehmet den beiden seine Geldsorgen und die Kündigungsdrohungen des Vermieters im Vertrauen mitgeteilt hat. Ich versichere, dass mein Gespräch mit ihm nicht von dieser Insiderinformation gefärbt sein würde. Damit geben die beiden sich zufrieden, und ich lade sie als Dank auf eine ölhaltige Emulsion im Café ein.

Dort treffen wir auf Magnus, der auf dem Tresen einige Filmszenen als Scribbles vor dem amerikanischen Porno-Cutter ausgebreitet hat. Kaja zapft Bier, Milena telefoniert. Das Tresentelefon ist ein alter Postklassiker, Achtziger-Jahre-Design, weinrot, mit Kabel, Tasten und keinerlei digitaler Funktion. Ein schöner alter Apparat, wie er früher zu Tausenden in deutschen Haushalten stand. In der Zeit, als es gebaut wurde, konnte man Telefone nur über die Post beziehen, es gab drei oder vier Modelle, eines davon war Mickymaus, die den Hörer in einer Hand hielt. Disney hat da sicherlich ordentlich mitverdient. Ein anderes war das FeTap 751, wobei FeTap für Fernsprech-Tischapparat stand, das nun stilecht seinen Dienst in meinem Tresen verrichtet. Es rauscht und knackst manchmal ein wenig, aber funktioniert ansonsten ohne Probleme.

Vielleicht wäre der Kiosk was für Magnus. Ich müsste den Zwillingen dann nicht einfach absagen, sondern könnte ihnen Magnus als Betreiber empfehlen. Die Zwillinge begrüßen Magnus vertraut und machen lustige Sprüche über sein »Emanzenfilmchen«, über das sie offenkundig bestens Bescheid wissen. Wahrscheinlich spielen sie auch eine Rolle darin.

»Warten Sie bitte mal ganz kurz«, sagt Milena in den weinroten Telefonhörer, »hier kommt gerade der Chef, der kann Ihnen da sicherlich besser weiterhelfen.«

Sie hält ihren ausgestreckten Zeigefinger nach oben,

als Zeichen für mich, dass sie mich in sehr naher Zukunft brauche. Sie rollt mit den Augen und wedelt mit der freien Hand, als hätte sie sich verbrannt. Sie schaltet das Telefon auf analoge, archaische Weise stumm: Sie presst die Sprechmuschel auf ihren Busen. Dann erklärt sie mir flüsternd, dass sich eine junge Dame am Telefon befände, die ihrer Meinung nach nicht ganz dicht sei und verlange, dass wir einen unserer Gäste ansprächen oder so etwas in der Art, sie habe es auch nicht ganz verstanden. Aber egal, gut, dass ich jetzt da bin, für Spezialfälle sei ich ja der richtige Mann.

Ich räuspere mich, übernehme den von Milenas Brust aufgewärmten und angenehm nach ihrem Parfum duftenden Telefonhörer. Die Schnur zwischen Hörer und Telefon ist heftig verdreht, damit verkürzt sich der Bewegungsradius während des Telefonierens. Ich melde mich möglichst autoritär mit meinem Namen. Milena zündet sich kopfschüttelnd eine Zigarette an und wendet sich Magnus' Scribbles zu.

Die unbekannte Frau am Telefon befindet sich in einem desolaten Zustand. Sie bringt kaum ein Wort heraus und wird von Heulkrämpfen geschüttelt. Eine tiefe Traurigkeit und Tragik schwappt da unerwartet durch den Hörer in mein Ohr, ohne dass ich den Inhalt verstehe, während mein Auge eine kleine Filmcrew zeigt, bestehend aus Magnus, dem Regisseur, dem Porno-Cutter, der vermutlich die Produktionsleitung übernehmen soll, Milena, sicherlich die Hauptrolle, und den Zwillingen, wahrscheinlich Nebendarsteller und Geldgeber.

Aurinia betritt das Café, sie trägt ein orangefarbenes, wallendes Batik-Getuche, das sie vollständig einhüllt. Sie hält Dolores an der Hand, die ihr mit leuchtendem Lächeln folgt. Ihr Erscheinen erinnert mich an unseren Geistaustreibungstermin heute Abend.

Der Unbekannten muss etwas Schlimmes passiert sein. Etwas sehr Schlimmes. Sie beruhigt sich langsam und beginnt immer wieder mit den gleichen Worten einen Satz. Ich spüre, dass sie nicht verrückt ist, sondern sich in einem Ausnahmezustand befindet, der sie zu ungewöhnlichen Maßnahmen greifen lässt. Mit solchen Dingen kenne ich mich aus, daher solidarisiere ich mich spontan und widme ihr meine volle Aufmerksamkeit. Nach einer Weile bringt sie den Satz zu Ende, wird aber immer wieder durch zitterndes Luftholen unterbrochen.

Das, was sie sagt, nehme ich ernst: »Ich weiß, das klingt verrückt, aber ich brauche deine Hilfe. Mein Name ist Lisa. Ich habe einen großen Fehler begangen, und ich werde einem sehr netten und lieben Menschen«, an dieser Stelle unterbricht sie heftiges Schluchzen, das in leises Husten mündet, »heute noch das Herz brechen.«

Was ich oder mein Café damit zu tun haben sollen, interessiert mich nun sehr. Ich weiß nichts zu sagen, Floskeln wie ›Alles wird gut‹ bringe ich nicht über die Lippen. Ich kenne Lisa ja gar nicht.

Lisa fährt fort: »An einem der großen hohen Tische gegenüber vom Tresen sitzt jetzt Carsten, der wartet auf mich. Wir wollten zusammen etwas ganz Großes, Neues beginnen.«

An dieser Stelle reißt es sie noch mal, und sie muss eine Pause einlegen. Ich brauche nicht lange, um Carsten zu identifizieren. Ein junger Mann mit langem Haar und Surfer-Outfit sitzt breit grinsend mit einer Rose in der Hand am ersten großen Tisch. Neben ihm steht ein alter Lederkoffer, der übersät ist mit Aufklebern, er blickt erwartungsvoll zu den Eingängen. Die Bierflasche auf dem Tisch ist leer. Wie lange er wohl da schon sitzt und nichts konsumiert, frage ich mich.

Am Tresen steht Frau Melanowski und wartet fröhlich

darauf, bedient zu werden. Ich gebe Milena vieldeutige Zeichen, dass sie sich um sie kümmern soll. Sie schuldet mir noch Geld, denke ich.

Lisa hat sich inzwischen wieder gefangen. »Bitte, bitte, du musst mir den Gefallen tun! Geh zu ihm hin und sag ihm: Lisa liebt dich und wird dich immer lieben. Und sie wird diese Nacht nie vergessen. Aber sie kann nicht, sie kann einfach nicht. Er soll nicht böse sein, und schon gar nicht traurig. Er soll ohne mich fahren. Vielleicht begegnen wir uns noch mal in diesem Leben.«

Das ist der Grund ihres Anrufes? Warum lässt sie ihn nicht einfach sitzen, so wie man das früher stilecht gemacht hat? Einfach nicht kommen, der andere begreift doch automatisch, was Sache ist. Der Sitzengelassene denkt aus Selbstschutz zunächst, das Nichterscheinen der Geliebten könne nur bedeuten, dass ihr etwas zugestoßen sei, oder der andere habe ihr Vorhaben entdeckt und hielte sie nun gefangen. Die Möglichkeit des Sitzengelassenwerdens blendet er aus. In Zeiten von Mobiltelefonen ist das Sitzenlassen allerdings nicht mehr ganz so stilecht, irgendwann wird der Sitzengelassene eine SMS schreiben oder anrufen, dann reagiert man nicht darauf oder hat sein Telefon abgeschaltet, das schürt die Vermutung, dass eine Katastrophe geschehen sei, verlängert das Leiden unnötig und verleitet den Gehörnten unter Umständen zu unvernünftigen Befreiungsversuchen, die in diesem Moment nun wirklich niemand braucht.

»Habe ich dich da richtig verstanden, Lisa? Ich soll zu Carsten gehen – kann es sein, dass er einen Lederkoffer dabeihat?«

Sie bejaht unter größtem Schmerz.

»Und soll ihm das alles ausrichten? Ich kenne euch beide doch gar nicht. Warum schickst du ihm nicht eine SMS?«

Sie habe seine Telefonnummer nicht und wüsste auch sonst nicht viel über ihn, sie hätten sich vor zwei Tagen kennengelernt, seien miteinander abgestürzt und hätten im Liebesrausch diesen Plan ausgeheckt, sich am Montag in meinem Café zu treffen, um durchzubrennen. Aber sie könne nicht, sie könne einfach nicht, das müsse ich doch verstehen. Wenn ich ihn jetzt nicht anspräche, werde er sein Leben lang nicht wissen, was mit ihr sei.

Mein Vorschlag, ihn an das weinrote Telefon zu holen, lehnt sie ab, das bringe sie nicht fertig, das solle ich bitte übernehmen.

Auf eine unbestimmte Weise fühle ich mich verantwortlich für Carsten. Ich gebe Lisa das Versprechen, ihren Auftrag auszuführen, und beende das Telefonat. Das ist schließlich auch eine Art von Kundenbindung. Lisa und Carsten werden in der Welt von diesem netten, romantischen Wirt erzählen, der zu jeder Tat im Namen der Liebe bereit war. Das kann nur gut sein für das Café, für den Umsatz und auch für mein Karma.

Ich habe Lisas Telefonnummer nicht, das alte Postophon kann keine Nummern anzeigen, es verfügt über kein Display.

Ich blicke zu Carsten, und mich verlässt ein wenig der Mut. Ich bin die einzige verbliebene Verbindung zwischen den beiden. Ich habe diesen vertrauensvollen Auftrag übernommen und werde ihn auch gewissenhaft ausführen. Wenn ich Hirnhälften miteinander verbinden kann, dann sollte mir das auch mit Liebenden gelingen.

»Du musst Carsten sein!« Aufgesetzt gutgelaunt lache ich den jungen Mann an. Seine langen blondgelockten Haare sind sonnengebleicht, Sommersprossen befinden sich auf allen sichtbaren Hautstellen, Typ Surflehrer. Die Aufkleber auf seinem Koffer erzählen von klassischen Reisezielen, Rom, Tokyo, London, Paris, Moskau, auch Maui. Mit einem Mal bin ich sehr aufgeregt.

Er lächelt zurück.

»Lisa! Hast du etwas von Lisa gehört?«

Er ist glücklich und voller Tatendrang. Aus Verlegenheit räume ich die leere Bierflasche ab.

»Ja, das habe ich.«

Er ahnt nichts, gar nichts. Muss ja eine berauschende Nacht gewesen sein, beneidenswert, bis auf das Ende.

»Ja, also, Lisa hat angerufen, sie kann nicht kommen.«

»Hat sie den Termin verschoben? Auf morgen?«

»Nein, also, wie soll ich sagen ... Sie kann gar nicht, also nie mehr kommen.«

»Das verstehe ich nicht!« Er runzelt die Stirn und lehnt sich zurück.

»Sie liebt dich und wird dich immer lieben, soll ich dir sagen, aber sie kann irgendwie nicht.«

Jetzt schäme ich mich ein wenig, eine unangenehme Situation, das Gefühl, ein Hirnbalken zu sein, kenne ich schon, aber jetzt lerne ich das Gefühl kennen, eine SMS mit tragischem Inhalt zu sein. Es fühlt sich fast so an, als würde ich Carsten meine Liebe gestehen.

»Und sie meinte, ihr begegnet euch bestimmt irgendwann noch mal im Leben. Da ist sie sich sicher, und eure Nacht war toll, sagt sie.«

Jetzt sickert es langsam durch. Sein Blick bricht, er sackt nach vorne auf den Tisch, seinen Kopf legt er auf seine sommerbesprossten Unterarme.

»Es gibt keine schlechten Abenteuer. Nur schlechte Abenteurer«, sage ich, um ihn irgendwie aufzumuntern. Ich spüre das Verlangen, mit meiner Hand durch sein gelocktes Haar zu fahren.

Abrupt hebt er den Kopf, Tränen in den Augen. »Hat sie das auch gesagt?«

Wieso habe ich das gerade von mir gegeben? Ich spüre, dass das keine gute Entscheidung war.

»Nein, das sage ich zu dir.«

Nun wird er wütend, Trauer und Zorn liegen meist nah und in dieser Reihenfolge beisammen.

»Wer bist du überhaupt?«

»Ich bin der Betreiber dieses Cafés.«

»Jetzt wird mir alles klar! Du Schwein! Du hast da deine Finger im Spiel.«

Er springt wutentbrannt auf, reißt seinen Koffer von der Sitzbank und stellt sich vor mich hin, er ist ziemlich klein und blickt zu mir hoch.

Nun habe ich auch noch mit Lisa ein Verhältnis, von dem ich nichts weiß.

Carsten brüllt mich an: »Lisa wollte, dass wir es dir gemeinsam sagen. Dann eben so. Du hast keine Ahnung, was wahre Liebe bedeutet! Wahre Liebe überwindet alle Grenzen. Da kannst du gar nichts machen. Wir sind füreinander bestimmt, und wir werden uns finden. Wenn nicht in diesem Leben, dann in einem der nächsten. Richte ihr das aus, wenn du dich traust, du Schwein!«

Ich will ihm erklären, dass ich Lisa nichts ausrichten kann, selbst wenn ich wollte, dass ich sie gar nicht kenne und es sich um ein ganz blödes Missverständnis handelt. Aber er lässt mich einfach stehen und geht forschen Schrittes hinaus, vermutlich, um den Flieger nach Hawaii noch zu bekommen. Wenn Klamotte in der Tür nicht einen Ausfallschritt rückwärts gemacht hätte, hätte Carsten ihn umgerannt.

Die gesamte Filmcrew hat Carstens Plädoyer für die wahre Liebe gehört und blickt mich grinsend an. Milena führt Frau Melanowski liebevoll nach draußen. Diesmal hat sie nichts mitgenommen. An ihre Schulden bei mir wird sie sich eher nicht erinnern können.

»Schon wieda fleißich am Rausschmeißen? Kleener Tipp: Son paar Jäste brauchste schon im Jastraum, nich nur sone, die uff da Flucht sind. Wat hatte denn der kleene Mann, warum isser denn so uffjescheucht?«

»Er denkt, dass ich ein Verhältnis mit seiner neuen Freundin habe, was aber gar nicht stimmt. Der wäre aber so oder so nicht wieder gekommen.«

»Ein Jast wenijer, een Buchstabe mehr. Hier, bitteschön.«

Klamotte hält mir das perfekte ›k‹, das offensichtlich vom Schildermacher hergestellt wurde, vor die Nase.

»Haste denn die Tafel schon abjebaut, weil de dit mit dem falschen ›k‹ nüscht mehr ertrajen konntest, oder wo haste dit jute Stück vasteckt?«

Die Tafel mit dem Ponyhofspruch hängt tatsächlich nicht an der Hauswand. Alle anderen Tafeln sind noch dort.

Frau Melanowski steigt in einen Polizeiwagen, der gerade vor der Tür angehalten hat, und verabschiedet sich mit langem Händedruck von Milena. Milena schließt die Tür und klopft auf das Dach, als Zeichen, dass die Beamten nun abfahren können.

Die Bohrlöcher der fehlenden Tafel schauen mich traurig an, in einem steckt noch ein Dübel. Nachdem ich alle Möglichkeiten durchgehe, bleibt nur die, die Klamotte gleich von Anfang an vermutet hatte, als er merkte, dass ich nichts mit dem Verschwinden der Tafel zu tun habe: Die Tafel ist gestohlen worden. Vermutlich letzte Nacht. Es war mir noch gar nicht aufgefallen.

»So schlimm kann dit ja nu nich jewesen sein mit deinem ›k‹, sonst hätten se dir doch wohl die Tafel mit dem Bärenfell jeklaut, oder?«

»Du musst mir glauben, auf die Feinheiten kommt es an,

auf die Details, die sind spielentscheidend. Das macht den Unterschied. Die Diebe haben wahrscheinlich nicht bemerkt, dass das ›k‹ in der falschen Type gesetzt war.«

»Na ja, dafür, dit dir noch nich ma ufffällt, dit die janze Tafel jezockt wurde, hab ick mich beim Schildermacher zum Oberhonk jemacht. Wenn ick dem jetzt mit dem Ufftrag für die janze Tafel komme – wees ick jetz ooch nich, wie ick ihm dit erklären soll.«

Ich nehme Klamotte den Job ab, damit er seine Handwerkerreputation gegenüber dem Schildermacher wahren kann, das freut ihn außerordentlich. Er findet, dass ich ein janz dufter Kerl bin.

Ich fühle, dass an mir gezerrt wird, von allen Seiten. Wieder dieses Flipperautomatengefühl, die Geistaustreibung steht auch noch an, ganz zu Schweigen von klärenden Gesprächen mit einigen Mitarbeitern. Je länger ich damit warte und je mehr Missverständnisse auftreten, desto schwieriger werden die Gespräche sich gestalten.

Vor dem Termin mit Dolores und Aurinia will ich mich einen Moment im Lüftungsraum sammeln und wenigstens noch ein, zwei sinnvolle Kleinigkeiten abarbeiten, um mir vorzugaukeln, heute einen erfüllten, sinnvollen Tag gehabt zu haben.

Ich teile Aurinia die kurze Verzögerung mit und schleppe mich in mein Lüftungsräumchen. Als ich an Magnus und Howard Carpendale vorbeigehe, nicken sie mir anerkennend zu, einer klopft mir auf die Schulter. Mir, dem Helden der Liebe, der in ihren Augen vermutlich mindestens drei Affären gleichzeitig jongliert. In Wahrheit hatte ich schon seit Monaten keinen Sex mehr, weil ich mich lieber um die Feinheiten kümmere.

Ich bin erschöpft, schaue nicht nach hinten, um zu sehen,

wer von den beiden mich abgeklopft hat. Ich schleppe mich die alte Holztreppe hinauf, streichele den Handlauf, denke an Biberkopf, Döblin, lächele leise, schließe die Lüftungsraumtür hinter mir und lasse mich vom Dröhnen der Motoren umarmen.

13.

MULTIBALL

Endlich bin ich in dem schönen schwarzen Loch. Das Dröhnen der Lüftungsmotoren umhüllt mich schützend und sorgt dafür, dass nichts anderes an mich herandringt. Gesegnete Ruhe im Lärm. Dass ich diesen Ort einmal als Rückzugsort empfinden würde, hätte ich nicht gedacht. Ich könnte ein kleines Schläfchen abhalten, bevor ich den nächsten Termin habe. Das machen andere Manager doch auch. Ein, zwei sinnvolle Aufgaben abhaken und dann kurz die Augen schließen.

Ich habe noch nicht mal angefangen zu überlegen, welche Aufgaben ich zur Erledigung auswählen möchte, als es hektisch und laut an der Tür klopft. Ich kann körperlich spüren, wie der Flipperfinger mir ins Kreuz schlägt.

Bevor ich ›herein‹ sagen kann, wird die Tür geöffnet. Milena steht aufgeregt vor mir. Sie hat von Natur aus große Augen, aber jetzt sind sie wirklich groß, unwirklich groß.

»Fred! Fred ist wieder da!«, keucht sie außer Atem, sie muss die Treppe hinaufgesprintet sein. Fred kann ich gerade nicht gebrauchen, meine Lust, ihm das Hausverbot persönlich zu erteilen, ist in den letzten Tagen ohnehin verschwunden.

»Der will sich nur sein Hausverbot abholen kommen. Das kannst du genauso gut übernehmen. Ich habe hier noch einiges zu erledigen.«

»Nun ja, er steht unten im Gastraum und hat direkt nach

dir gefragt. Er ist in einem merkwürdigen Zustand. Ich habe gesagt, du bist nicht da, und dann, na ja, also dann fing er an, komische Dinge zu tun.«

Milena kommt kaum zu Atem. Während sie spricht, zieht sie immer wieder die Luft scharf durch die Zähne.

»Bitte komm mit runter! Bitte mach nur dieses eine Mal, was ich von dir verlange!« Milena hat Angst.

Dass Fred sich überhaupt noch in meinen Laden traut, ist dreist. Ich werde ihm jetzt endgültig Grenzen setzen, mit all meiner neuen Wut und Leidenschaft. Ich habe noch etwas anderes zu tun, als mich nur um die schrägen Vögel des Rosenthaler Platzes zu kümmern. Das ist mein Laden, und das ist kein Flipperautomat, und ich bin keine polierte Stahlkugel.

Neue Kraft durchströmt meine Adern. Da ist es wieder, dieses rauschhafte Gefühl. Ich muss ja sowieso hinuntergehen, um mit Aurinia und Dolores die Geistaustreibung abzuhalten, also übernehme ich doch die Sache. Ich richte mich auf, mein Stuhl fällt um. Milena greife ich fest an ihre Oberarme. »Jetzt ist hier ein für alle Mal Schluss. Bitte schau dir an, was jetzt passiert!«

Das Dröhnen der Lüftungsmotoren – hat es mich eben noch umschmeichelt, klingt es nun wie die Turbinen eines Kampfjets. Vielleicht hat auch nur jemand die Lüftung am Regler in der Küche eine Stufe höher gestellt.

»Ich muss dir da noch was …«

Ich unterbreche Milena herrisch, indem ich meinen ausgestreckten Zeigefinger auf meinen Mund lege und ein lautloses ›sch‹ mit den Lippen forme. Milena bricht ihren Satz ab und nickt zögerlich. Im Überschwang lege ich meinen Zeigefinger nun auf ihren Mund. Weich, warm und angenehm fühlen sich ihre Lippen an.

Ich schiebe Milena sanft, aber bestimmt beiseite, reiße die Tür auf und stürze mich ins Kampfgetümmel. Soundtrack:

Richard Wagner, »Walkürenritt«. Blutrausch, reine Triebe, Reptiliengehirn – das Gefühl ist noch größer als beim Rauswurf des Generals.

Fred steht am unteren Treppenabsatz, in zentraler Position. Einige Gäste und Mitarbeiter haben sich um ihn versammelt. Wie Achilles auf Troja, so stürme ich auf Fred zu, als mich ein uralter Instinkt meine Schritte abbremsen lässt. Auf der letzten Treppenstufe komme ich zum Stehen, und mein felsenfester Entschluss, Fred ohne große Worte endgültig des Hauses zu verweisen, gerät ins Wanken. Die Augen der Anwesenden sind mittlerweile auf mich und nicht mehr auf Fred gerichtet. Fred steht in seinem Mantel und seinen Pantoffeln breit grinsend da. Natürliche Autorität, Kraft und Gelassenheit, aber auch tiefe Feindseligkeit strahlt er aus.

Der gleiche uralte Instinkt, der mich unbewusst abbremsen ließ, senkt nun meinen Blick an Fred hinab, so kann ich sehen, dass Fred unter seinem fast ganz geöffneten Mantel masturbiert. Ich sehe es, aber ich begreife es nicht. Mein Verstand versucht die Informationen der Sehnerven in vernünftige Zusammenhänge und Erfahrungen zu zwingen, um Handlungsoptionen zu entwickeln, aber es gelingt ihm nicht. Multiball! Für einen Moment habe ich das Gefühl, ohnmächtig zu werden, mein Blickfeld engt sich ein, und der Sound ist kurz weg.

Nach einer Weile höre ich mich sagen: »Fred, was tust du da?«

»Ich hole mir einen runter.« Er grinst mich an.

Was für eine bescheuerte Frage.

»Muss das unbedingt gerade hier und jetzt sein?«

Traurig lasse ich meinen Blick über die versammelte Menschenmenge schweifen. Alle sind sie da. Die Zwillinge, Aurinia, Dolores, Milena, Klamotte, Shanti, Florian und natürlich der Porno-Cutter, sowie einige andere Gäste, die mich bis zu diesem Zeitpunkt noch nicht persönlich kannten.

Durch die großen Glasscheiben des Cafés sehe ich den General in seinem Rollstuhl auf dem Bürgersteig sitzen, er zittert vor Lachen und winkt mir zu. Hatte der General Fred gemeint, als er mir mit dem Behindertenbeirat der Stadt Berlin drohte? Ich fühle mich besiegt. Die Armee der Finsternis, die Clochards Berlins, angeführt vom Prince of Darkness, haben die Macht über mich und meinen Laden übernommen. Unfähig, mich zu bewegen oder sinnstiftende Maßnahmen zu treffen, stehe ich da. Die Angst vor der Potenz meiner eigenen Aggression lähmt mich. So hoch mein rauschhaftes Gefühl eben noch war, so tief falle ich jetzt. Unendliche Müdigkeit und Leere erfüllen mich. Mir ist mit einem Mal alles egal.

Milena packt Fred mit ruhigem, aber energischem Griff von hinten an den Schultern und schiebt ihn mühelos zum Eckeingang. Damit erspart sie mir weitere Höhepunkte seiner Darbietung.

Fred dreht lachend den Kopf nach hinten und winkt mir fröhlich zu. Erleichtert stelle ich fest, dass die Hand das Winken übernimmt, die bis gerade eben noch, physikalisch betrachtet, die gleiche Bewegung vollzogen hat, der nun aber biologisch-soziologisch gesehen gänzlich andere Aufgaben zuzuschreiben sind.

Ohne lange nachzudenken, drehe ich mich um, verlasse grußlos die Bühne, meine Hand am Döblingeländer stützt meine Schritte. Alles schwankt, Berlin schwankt, Berlin ist auf Moor errichtet worden. Ich schwimme, versinke, Berlin versinkt. Ich setze mich verschämt wieder in mein Lüftungsbüro, lasse den Kopf auf die Schreibtischplatte fallen, wo er tonnenschwer liegen bleibt.

14.

GOLDEN GATE

»Bist du nicht der Typ, der dieses neue Café am Rosenthaler eröffnet hat? Da, wo früher der Burger King drin war?«, fragt der Mann, der neben mir am Pissoir des Nachtclubs Golden Gate steht, während er seinen Penis abschüttelt. Ich meine ihn noch nie vorher gesehen zu haben, bin aber auch schon recht betrunken. Vielleicht kenne ich ihn nicht, aber er mich? Vielleicht sind das erste Anzeichen von Popularität des Cafés und seines Betreibers. Diese Vorstellung löst eine angenehme Aufregung in mir aus, befeuert durch das dumpfe, warme, blaue Alkoholgefühl, das einen befällt, wenn man trinkt, um zu vergessen. Und vergessen will ich heute am liebsten alles. Den armen Kerl, der von seiner wilden Affäre versetzt wurde und das anschließende Missverständnis, meine demütigende Hilflosigkeit Fred gegenüber, die ungeklärte Frage nach der angeblichen Affäre mit Milena und ihre Versuche, mir das Ruder aus der Hand zu nehmen, das Gespräch mit Magnus, den Tafeldiebstahl, die Geldsorgen und das Unterholz.

Trinkt man aus Lust in Gesellschaft, wirkt Alkohol beschwingend, selbstwertsteigernd, orange. Trinkt man aus Frust und alleine, so wirkt er dumpf, melancholisch, lila und blau. In jedem Fall ist Alkohol die ungeschlagene Allroundwaffe gegen Angst. Die Angst vor dem Versagen, vor der Blamage, vor der Unfähigkeit, im richtigen Moment das Richtige zu tun. Der Alkohol nimmt sie, wandelt sie in Gelassenheit, zumindest solange er im Blut ist. Danach kommt sie zurück und bringt auch noch ihren großen Bruder mit. Das ist der Preis, den man für den kleinen Urlaub zahlt.

Eigentlich wollte ich nach dem vernichtenden Angriff der Armee der Finsternis auf das Café ganz vernünftig nach Hause gehen, aber irgendetwas in mir wollte erst noch kurz in die CCCP Bar in der Torstraße, die fast auf meinem Heimweg liegt.

Dieser Teil in mir hat nach dem ersten Bier gesagt: Bei einem Bier ist der Wirt geprellt. Und nach dem zweiten Bier: Ach komm, du kannst doch ruhig mal ein bisschen was trinken. Und nach dem dritten Bier mit Wodka: Heute will ich noch mal so ausgehen wie früher. Am ehesten passte das Golden Gate zu meinen melancholischen Rückblicken, ein unschicker, improvisierter, roher Club.

Das Golden Gate befindet sich unter den Gleisen der Hochbahn an der Jannowitzbrücke. Im Osten, direkt an der Spree, auf der anderen Uferseite ist Kreuzberg. Das Golden Gate ist nicht leicht zu finden, jedes Mal wieder suche ich den Eingang, das Vibrieren der Scheiben leitete mich. Den Ausgang hatte ich nach besonders schönen Nächten schon genauso gesucht wie Stunden zuvor den Eingang. Das Vibrieren half dann nicht mehr weiter. Es ist der letzte Abend des verlängerten Wochenendes, der Abend der Deutschen Einheit. Noch recht früh, aber After-Hour-Zeit.

Der schwarze Vorhang des Eingangs schluckt mich. Wie in jedem guten Club dauert es nicht mal eine Sekunde, bis man auf der anderen Seite des Spiegels angekommen ist. Das Golden Gate ist gut gefüllt, Durchfeierzombies, Queer-Volk und Versacker. Der Club ist düster, dunkel, laut, labyrinthisch.

Jenseits aller Konventionen. Er spuckt einen in der Regel erst wieder aus, wenn man komplett durchgekaut wurde.

Dieser Gefahr bin ich mir im Augenblick noch gerade so bewusst, doch glaube ich, dass ich es schaffen kann, zu widerstehen. Wie Odysseus, den man an den Mast gebunden hatte, um dem Gesang der Sirenen zu begegnen, werde ich es schaffen, nach kurzer Zeit nach Hause zu gehen – ohne Fesseln.

An der Bar bleibe ich hängen, beobachte die ausgelassene Stimmung und trinke Bier, bis der Harndrang mich in den ersten Stock zu den Toiletten führt. Dort ist ganz schön was los. Die Kabinen sind alle besetzt, und zwar mehrfach. Es wird sich munter unterhalten. Man hört die typischen Drogengeräusche. Hier werden illegale Drogen konsumiert, aber absurderweise gibt es keine Probleme mit Junkies, so wie in meinem Laden. Die kommen einfach nicht hierhin, obwohl sie hier recht frei konsumieren könnten. Vermutlich würden sie aber nicht an dem Türsteher vorbeigelangen. Türsteher – das ist eine gute Idee! Aber ich würde zwei davon benötigen, das erzeugt zu hohe Personalkosten.

Nicht ohne Stolz antworte ich dem Mann neben mir am Pissoir, bejahe seine Frage nach dem Café und will wissen, woher er mich kennt.

»Na vielen Dank! Wegen dir Arschloch ist mein Stamm-Burger-King jetzt weg, und ich darf nur noch Döner oder China-Pfanne fressen!«

Der Mann ist nicht freundlich zu mir. Er ist nicht auf meine Frage eingegangen. Ich will ihm erklären, dass Burger King den Standort bereits im Jahr 2000 aufgegeben hat und dass nicht wir, sondern der Schwulenclub Goldrausch der direkte Nachfolger bis zum Jahre 2004 war und dann noch für ein halbes Jahr ein wildes Konzept betrieben wurde unter dem Namen Trinity. Dass der Name für Trinität stand und dass zwei der Komponenten Table-Dance und Karaoke waren und ich die letzte Komponente nie herausfinden konnte, er aber offensichtlich schon lange am Rosenthaler Platz lebe oder zumindest regelmäßig esse und er mir aufgrund dieser Tatsache vielleicht verraten könne, welche die dritte Komponente war. Andererseits nahm er mich als den direkten Nachfolger von Burger King wahr, was ihn als Augenzeugen unglaubwürdig macht. Ich bin noch nicht ganz fertig mit Urinieren und bitte ihn, doch kurz zu warten, damit ich ihm das alles erklären kann.

Meiner Bitte folgt er nicht. Er wünscht mir, dass wir möglichst schnell wieder schließen werden. »Sieht ja ganz danach aus. Nie Leute drin in deinem Laden. Hat noch keiner da geschafft. Mit Kaffee und Brötchen schon zweimal nicht.«

Er rempelt mich zum Abschied gegen die seit langer Zeit nicht mehr gereinigte, ungeflieste Wand und verlässt die Toiletten. Leicht lasse ich mich aus dem Gleichgewicht bringen, daran bemerke ich, dass ich betrunken bin. Ich stütze mich mit meiner Backe an der Wand ab, um nicht das Pissoir berühren zu müssen.

Nachdem ich mein Gleichgewicht wiedergefunden habe, schaue ich mir die Stelle an, an der sich meine Wange befand. Tapetenreste, Aufkleber, die für andere Clubs werben. Meine Wange hat den Aufkleber der Band »Cockbirds« berührt, das Bandsymbol ein schwarzer Penis mit seitlichen Flügeln in einem weißen Kreis auf rotem Untergrund. Daneben befindet sich die Signatur »KEGR« mit dem Zeilenumbruch zwischen dem E und dem G. Vielleicht kann mir dieser ungehobelte Burger-King-Fan wenigstens sagen, was das zu bedeuten hat.

Wut steigt in mir auf, andere Wut, als die mir neu bekannte. Wo war in meinem Leben vor der Gastronomiegründung meine Wut? Ich habe nie welche empfunden. Aber irgendwo muss sie doch gewesen sein. Jeder ist mal wütend. Mir wird klar, ich habe erst in den letzten Wochen Wut leben gelernt, nicht mehr geheim gehalten, und sie macht irgendwie Spaß. Eine sehr gesunde Droge. Schlagartig habe ich Lust auf die Ausübung körperlicher Gewalt.

Das Spülen spare ich mir, nicht aus umweltschonenden, sondern aus hygienischen Gründen. Den Typen knöpfe ich mir jetzt mal vor. Der Club ist noch voller geworden, er ist das Sammelbecken für die Endfeierer der Deutschen Einheit. Ist ja auch ein Jubiläum heute. Ich streife durch den Club, die Wirkung des Adrenalins lässt mit der Zeit nach und die Lust auf Konfrontation und körperliche Gewalt damit auch.

Möglicherweise könnte ich Magnus bitten, mich morgen den ganzen Tag zu vertreten. So, wie er es heute Abend getan hat. Ich hatte gar nicht bemerkt, dass er in den Lüftungsraum kam, mein Kopf lag noch betäubt auf dem Schreibtisch. Erst als er mich umarmte, bemerkte ich ihn. Er zog sich quietschend einen Stuhl heran und setzte sich zu mir. Er gab mir den Rat, einfach mal eine absolute Pause zu machen. Einfach nach Hause gehen und alles loslassen. Er werde den Abend hier für mich zu Ende managen.

Sein Vorschlag fühlte sich sofort gut an, erleichternd. Ich war in einer Sackgasse gelandet. Die Vorstellung, gleich hinunter zu gehen, diese sinnlose Geistaustreibung zu vollziehen, lähmte mich. Ich konnte nicht. Mein Kopf befahl es, mein Körper verweigerte den Einsatz. Nur damit meine abergläubigen Mitarbeiter befriedigt wären, dabei schaffte ich es ja noch nicht einmal, die Lebenden aus meinem Laden zu vertreiben.

Magnus versprach, auch das zu übernehmen, er wolle Aurinia sagen, dass wir einfach den folgenden Neumond abwarten sollten. Er werde das auch Dolores beibringen. Das

Gefühl, einen kleinen, unerwarteten Urlaub vor mir zu haben, erfüllte mich mit Dankbarkeit Magnus gegenüber. Aber ich hatte ihn noch zur Rede stellen wollen in Bezug auf seine sexuellen Kontakte mit meinen Mitarbeiterinnen. Vor allem, weil er mich vor ihnen vertreten würde. Nachdem ich seinen Vorschlag dankbar angenommen hatte, schnitt ich das Thema harmlos an.

»Sag mal, Dolores und du, seid ihr jetzt ein Paar?«

»Nein!«

Magnus machte es mir nicht einfach, aber ich musste es jetzt wissen. Wenn ich schon nicht herausfinden konnte, mit wem ich eine Affäre hatte, dann könnte ich das wenigstens für Magnus tun und dann dem Ausschlussprinzip folgend auch auf mein angebliches Sexleben Rückschlüsse ziehen.

»Aber eine Affäre habt ihr schon miteinander?«

»Nein, wie kommst du denn darauf?«

»Weil ihr euch körperlich augenscheinlich sehr nahesteht und das ganze Team über euch redet.«

»Ja, wir waren mal schön zusammen im Bett, aber komm, wir leben doch im wilden Berlin im einundzwanzigsten Jahrhundert, und du warst doch früher absolut kein Kostverächter.« Er lacht echt mit einer kleinen Prise Aufgesetztheit. »Und heute, was man so hört, lässt du ja auch nichts verbrennen oder wie man das sagt.«

Ohne auf seine Andeutung einzugehen, wies ich ihn darauf hin, dass er Sex haben dürfe, mit wem er wolle, aber bitte nicht mit Kolleginnen.

»Das ist ein ungeschriebenes Gesetz. Das ist doch in Schweden sicherlich auch bekannt, oder nicht?«

»Doch, doch, ich weiß auch, dass das nicht gut ist, aber es ist irgendwie passiert und na ja, du weißt ja, wie absolut schnell das geht.«

Magnus' Kommunikationsart wechselte von politisch

wortkarg – nur das zugebend, was nicht abzustreiten war – über kumpelhaft verständnisvoll zu tiefer Zerknirschtheit. War ich zu streng mit ihm? Er übernahm doch schon einiges für mich und half mir selbstlos an allen Ecken und Enden. Verlangte noch nicht einmal Geld dafür. Brachte seine Erfahrung ein, und von mir kamen nur Vorwürfe, weil er einmal mit der Putzfrau geschlafen hatte.

»Pass auf, ab sofort zahle ich dir einen Stundenlohn. Aber nur, wenn du von heute an die Finger von den Kolleginnen lässt. Abgemacht?«

Ich hielt ihm brüderlich die Hand hin. Er lehnte sich zurück, sichtlich gerührt.

»Nein, das kann ich nicht aufnehmen, für mich ist der Kontakt zu den Kollegen und zu den Gästen absolute Bezahlung genug.«

Ich legte den Kopf zurück und blickte ihn verständnislos an.

»Nein, das verstehst du jetzt schon wieder absolut nicht richtig. Ich meine doch nicht Sex, ich meine das alles mit dem Film und so. Das ist perfekt für mich, um in Berlin fertig zu kommen.«

Ich bestand auf einem Stundenlohn und sagte ihm, dass er alles andere ja auch als zusätzliche Bezahlung ansehen könne. Aber ich betonte noch einmal, dass ich Sex mit den Kollegen nicht als Teil der Bezahlung ansähe. Erklärte ihm, dass das jeder im Team mitbekäme, dass sich so was schneller rumspräche, als man gucken könne, und dass es wegen der Schichtplanfehler da bereits zu konkreten Missverständnissen gekommen sei, die er und ich nicht gutheißen könnten. Schwedische Lebensart hin oder her, hier in Berlin sei das eben alles ein bisschen spießiger. Auch wenn das nicht immer so ausgesehen haben möge: Ich selber hielte mich schließlich auch an diese Regel.

Magnus versicherte mir, dass er das jetzt verstanden habe und er sich entsprechend verhalten werde.

Da ich am Ende so ermahnend sein musste, suchte ich nach einem versöhnlichen Gesprächsausklang, schließlich hatte er mich gerade vor einem Nervenzusammenbruch gerettet.

»Wir haben uns ja neulich über deine Café-Idee unterhalten. Ich hätte da einen Tipp für dich, hier ganz in der Nähe.«

»Ach, du meinst bestimmt die Kiosk von Mehmet da unter. Ja, damit gehen die Zwillinge mir absolut schon auf die Nerven. Mehmet will auch gar nicht aufhören, hat er mir gesagt. Für mich ist das nix. Da ist ja noch nicht einmal Tageslicht. Und ehrlich gesagt, ich habe keine Bock auf ein eigenes Cafés, dein Café reicht mir. Ich wollte Florian absolut ein bisschen auf andere Gedanken tragen, der war so traurig, da dachte ich, in der Not darf man ein bisschen schummeln. So zumindest ist das bei uns in Schweden.«

Meine Überraschung darüber, dass Magnus bereits Bescheid wusste, überspielte ich. Meinen Allgemeinzustand verbesserte dieser Fakt nicht. Ich hatte mir schon den Kopf zu diesem Thema zerbrochen, da ich mich den Zwillingen verpflichtet fühlte, und sie fühlten sich frei. Ich fühlte mich benutzt.

»Ja, das darf man in Deutschland auch. Aber wenn du Florian wirklich auf andere Gedanken bringen willst, solltest du dich mal mit ihm ins Nachtleben stürzen und ihm eine Frau klarmachen. Nur: bitte keine Kollegin!«

Wir lachten und schüttelten uns die Hände. Und dann ging ich in Absprache mit Magnus heimlich direkt vom Lüftungsraum nach oben, aus dem Notausgang im ersten Stock, um niemandem mehr begegnen zu müssen.

Während meines Rundgangs durch das Golden Gate bin ich in Gedanken, ich vergesse, dass ich suche. Das Gespräch mit

Magnus hatte ich doch gut hinbekommen. Eben zeigte ein Mann auf mich und tippte seinen Nachbarn an die Schulter, aber gemeint war ihre gemeinsame Bekannte neben mir, die ihnen fröhlich zuwinkte. Ich sollte jetzt besser nach Hause gehen.

Kollegial stelle ich meine leere Bierflasche nicht einfach irgendwo ab, sondern bringe sie brav zum Tresen. Winke dem Barkeeper zum Abschied zu. Er gibt mir fragend Zeichen, ob ich die Flasche gegen eine volle tauschen wolle. Ich zögere kurz und freue mich, dass die Vernunft gewinnt und ich das Angebot mit Kopfschütteln ablehne. Jetzt nur noch den Ausgang finden, dann habe ich den Absprung geschafft. Keine Ahnung, wie viel Uhr es ist, man hofft in solchen Nächten, dass es zumindest noch nicht hell ist, wenn man durch die Tür in die Realität zurückgeht.

Im Gedränge fasst mich jemand von hinten an die Schulter. In der Annahme, dass es sich um den Burger-King-Jünger handelt, drehe ich mich vorsichtig um. Meine Lust auf körperliche Gewalt ist gänzlich verflogen. Vor mir steht Milena.

»Was guckst du denn so erschrocken, ist es so schlimm, mich hier zu treffen?« Sie umarmt mich, sie freut sich, mich zu sehen. Sie ist anders, heftiger geschminkt, als ich das vom Café her kenne. Sie hat sich schick gemacht. Enganliegende Hose, hohe Absätze, ein Oberteil mit großem Ausschnitt und freiem Rücken. Das steht ihr gut. Die hochhackigen Schuhe ähneln sehr dem Modell, das ich im Weinregal gefunden hatte.

Mein Herz hüpft ein kleines bisschen und fällt dann weich hinab, bis hinunter in die Lenden. Ich kann in diesem Moment nicht sagen, ob das an der Erleichterung liegt, nicht den Burger-King-Freund vor mir zu haben, oder ob ich mich über Milena freue.

»Was machst du hier? Komm, wir trinken jetzt einen. Ich

hatte mir schon Sorgen um dich gemacht, nachdem du einfach so die Séance geschwänzt hast. Aber dass du dich dermaßen rumtreibst, hätte ich nicht gedacht.«

Sie fasst mich an der Hand und zieht mich zur Bar, wo sie dem Barkeeper ein Zeichen gibt. Sie hat dort gesessen und mich dann bei meiner Flaschenrückgabe erkannt. Ihre Hand ist angenehm warm und trocken. Bevor sie sich auf den Barhocker setzt, klatscht sie in die Hände, wie wenn sie im Café einen Gast bedient.

Der Barkeeper nickt, schaut mich an, nickt heftiger und zwinkert mir zu. Ich verdrehe die Augen. Hört das denn niemals auf? Heute Nacht werde ich Milena fragen, was da los ist bei uns beiden. Werde sie fragen, ob ihr bewusst ist, dass, egal wo wir auflaufen, alle denken, wir wären ein Paar. Ich werde sie ganz einfach fragen, ob wir eine Affäre miteinander haben.

»Die Getränke gehen auf mich!«, sage ich. »Das ist das Mindeste, was ich als Dankeschön tun kann. Für deine Hilfe bei der Sache mit Fred heute Abend. Ich habe das immer noch nicht so richtig verdaut.«

»Ach, Schwamm drüber. Ich muss dir von der Séance erzählen«, unsere Bierflaschen klirren aneinander. »Das ist viel spannender!«

»Die sollte Magnus doch eigentlich verschieben!«

»Nein, bitter nötig war das, sage ich dir. Das hätten wir auf keinen Fall verschieben dürfen.«

Milena berichtet, dass Magnus mich in aller Form entschuldigt hatte. Damit wir uns nicht anbrüllen müssen, neigen wir uns nah zueinander. Dabei berühre ich Milenas Haar, das sie immer wieder hinter ihr Ohr zurückstreicht, und ab und an berühren sich unsere Wangen. Auch Milena ist nicht nüchtern, Körperkoordination gelingt ihr nicht mehr in vollendeter Perfektion. Sie ist aufgekratzt und berichtet in schauspielerischer Inbrunst. Beim Vorbeugen hält sie sich manchmal an meinem Oberschenkel oder an meiner Schulter fest.

Magnus hatte alles, was wir besprochen hatten, umgesetzt und den Laden gut geleitet. Die Verschiebung der Séance hatte Aurinia vehement abgelehnt. Wenn ich Magnus zu meinem Stellvertreter ernennen würde, dann gelte das ihrer Meinung nach auch für die Séance. Milena hatte Aurinia überredet, auch an der Séance teilnehmen zu dürfen. Ich hatte geahnt, dass sie ihren Kopf durchsetzen würde.

So waren sie im Keller also zu viert – bei Kerzenschein. Sie saßen im Schneidersitz im Kreis auf dem Boden und hielten sich an den Händen. Aurinia hatte ein Tuch ausgebreitet, in dessen Mitte sich ein Pentagramm befand. Auf jeder Ecke des Tuches stand eine Kerze. Aurinia rezitierte eine Menge Worte in einer Sprache, die laut Milena wie Latein klang, aber kein Latein war. Griechisch?, denke ich.

»Und gerade als mir langweilig wurde – die redete echt minutenlang – da ging eine Kerze aus. Von alleine! Das Tor zur Geisterwelt war geöffnet. Dann mussten wir Aurinia alles im Chor nachsprechen. Wir mussten sagen, dass die Naziputzfrau nun gehen kann, dass ihr Dienst abgegolten ist und sie sich zur Ruhe setzen darf. Dann kam deine Opfergabe. Wir haben den Whiskey genommen und auf den Kellerboden geschüttet, der roch sehr intensiv und rauchig …«

»Du meinst aber nicht den Whiskey, der ganz alleine im Regal stand?«

»Doch, doch, das war doch das Opfer, das du vorgesehen hattest, oder?«

Nein, das war der schottische Whiskey aus Einzelfassabfüllung, den mir Florian ein paar Tage zuvor geschenkt hatte, und der sehr selten und dementsprechend teuer war, und von dem ich vor allem noch nicht einen einzigen Schluck getrunken hatte. Ich stöhne und nicke.

»Es ging noch eine Kerze aus, und plötzlich schrie Aurinia laut auf. Wir mussten sagen: Weiche! Weiche! Von uns und diesem Haus. Weiche ... Und immer so weiter. Das war ganz schön gruselig. Aurinia ist dann mit einem Mal in sich zusammengesunken, total verschwitzt und erschöpft. Dolores ging es auch nicht viel besser. Magnus hat den beiden erst mal einen Schnaps gegeben, damit sie wieder zu sich fanden. Ich glaubte ja bis heute nicht an so einen Kram, aber ich sage dir, wenn du dabei gewesen wärst ...«

Das geht noch eine Weile so weiter, ich kann Milena nicht mehr ganz folgen, zu sehr bin ich abgelenkt von meinen kleinen Tests mit Milena und der Wirkung des doppelten Wodkas, zu dem sie mich nicht lange überreden musste. Ich habe auf Autopilot umgestellt. Der Point of no Return ist überschritten. Die Stopptaste unauffindbar. Der Alkohol wiegt mich in seinem warmen, tiefen Schoß.

Milena erzählt, dass Aurinia mehrere Geister vertreiben musste und dass es dringend nötig war, dieses Gebäude von seinem uralten Multi-Fluch zu befreien. Mit meinen Testergebnissen bin ich unterdessen durchaus zufrieden: Ich lege ab und zu eine Hand auf Milenas Oberschenkel und streiche an ihrer statt das Haar hinter ihr Ohr, sie lässt mich gewähren.

»... jedenfalls soll ich dir schöne Grüße sagen, Aurinia denkt, dass es das jetzt erst mal gewesen ist. Sie kommt in ein paar Tagen vorbei, um nach dem Rechten zu sehen, und bringt dann auch die Rechnung mit.«

Wir hatten gar nicht darüber gesprochen, wie viel es kosten würde. Aber das war mir gerade sehr egal.

»Wieso bist du ausgerechnet heute hier im Golden Gate?«, frage ich und muss mich zusammenreißen, damit ich nicht lalle.

»Ich wohne direkt um die Ecke, das ist quasi mein Stammladen, und ... ich will ehrlich sein«, sie kommt ganz nah an mich heran, streicht mir über die Wange, »ich war mit Magnus hier verabredet, aber der hat mich versetzt. Dieser Arsch!«

Sie sackt kurz in sich zusammen, dann sagt sie fröhlich zum Barmann: »Zwei doppelte Wodka!«

Magnus hat zu jeder Frau in meinem geschäftlichen Umfeld einen sehr guten Draht. Er scheint sich aber unser Gespräch zu Herzen genommen zu haben.

»Weißt du eigentlich, dass heute Neumond ist?«, flüstere ich Milena ins Ohr und stütze mich dabei sehr weit oben an ihrem Oberschenkel ab.

15.

ANY NEWS IS GOOD NEWS

Ich träume von einer eisgekühlten Flasche Kola des größten Erfrischungsgetränkeherstellers der Welt. Das Fassungsvermögen der Flasche beträgt zweihundert Milliliter. An der Außenwand kondensiert das Wasser, das sich in der Luft befindet, sie muss sehr kalt sein. Das perfekte Getränk für großen Durst. Und ich habe großen Durst. Die Form der Pfandflasche gleicht einem Frauenkörper. Sie wurde nicht zum ersten Mal ausgeliefert. An den Ausbuchtungen unten und in der Mitte sieht man deutliche Gebrauchsspuren, das transparente Glas ist von den Getränkekisten weißlich angemackt.

Neben der Flasche steht der Handelsvertreter des größten Erfrischungsgetränkeherstellers der Welt. Er hält Milena im Würgegriff und bedroht ihren schönen schlanken Hals mit einer abgebrochenen Kola-Flasche eines unabhängigen, kleinen Erfrischungsgetränkeherstellers.

»Entweder du trinkst jetzt sofort unsere Kola, oder ich schlitze deine Freundin hier auf.« Dabei zieht er Milena noch näher an sich heran und drückt mit der Bruchkante der Flasche die Haut in der Nähe der Halsschlagader ein. Ich greife nach der schön kalten Flasche und nehme einen tiefen, übernatürlich gut schmeckenden Schluck. Das ist das Leckerste, was ich je trank! Der Handelsvertreter lacht diabolisch, das Lachen hallt wie in einer Kirche. Er lässt Milena auf die Knie sinken, die sich den Hals mit beiden Händen umfasst und schwer hustend nach Luft ringt.

Echter, brennender Durst weckt mich. Ich öffne die verklebten Augen und blicke auf Marilyn Monroe. Eine ganze Wand vollgepackt mit gerahmten Fotografien von ihr. Darunter bekannte Ikonen wie die Aufnahme, auf der sie über dem Luftschacht steht, aber auch viele Motive, die ich noch nie gesehen habe. Alles in Schwarzweiß. In dieser Wohnung bin ich noch nie gewesen. Ich ahne, wem sie gehört, aber niemand ist zu sehen. Ich bin allein. Aber den Abdrücken in der anderen, freien Betthälfte nach zu urteilen, hat auch dort jemand gelegen.

Ich kann mich noch daran erinnern, dass Milena und ich feststellten, dass wir beide schon lange keinen Sex mehr hatten. Diese Feststellung trafen wir an der Bar.

Wie ich dann hierhergekommen bin, weiß ich nicht. Rechts von mir sind zwei große Altbaudoppelfenster mit Blick auf die Spree, die Hochbahntrasse und die neue chinesische Botschaft auf der Kreuzberger Uferseite, die sich im ehemaligen Haus des DDR-Gewerkschaftsbundes FDGB befindet. Der Ausblick wäre bis auf ein paar Grad Winkelabweichung identisch mit dem Ausblick aus dem Golden Gate, vorausgesetzt, das Golden Gate hätte einen Ausblick. Vor den Fenstern steht ein runder Tisch mit zwei unterschiedlichen Stühlen, ein Mikrofon auf einem Ständer, eine vollbehangene Kleiderstange auf Rollen. Links von mir ist eine Tür, die zu einer kleinen Küche führt. Ein kurzer Flur geht neben der Küchentür vom Zimmer ab. Er endet direkt an der Wohnungstür. Die Ein-Raum-Wohnung ist aufgeräumt, aber vollgestopft mit allerlei Kram. Meine Klamotten liegen als ein Haufen neben dem Bett auf dem Boden, erstaunlich ordentlich zusammengelegt. Das lässt hoffen.

Mein sehnlichster Wunsch, der nach mehr Gästen in meinem Café, wurde gerade von Platz eins der Wunschliste verdrängt. Neuer Spitzenreiter ist der Wunsch, dass dies hier bitte nicht Milenas Wohnung ist. Bitte nicht. Der endgültige Beweis ist ja auch noch nicht erbracht.

Eine S-Bahn rattert an den Fenstern vorbei. Mein Kopf fühlt sich an wie der Endhaltebahnhof der BVG, in dem im Sekundentakt Züge einrollen und langsam und quietschend zum Stehen kommen. Meine Kehle muss jemand über Nacht mit Schmirgelpapier ausgekleidet haben, fein gekörnt. Es ist sehr früh am Morgen, ich habe höchstens zwei Stunden geschlafen.

Angenommen, es ist tatsächlich Milenas Wohnung. Was ist denn schon dabei? Wer sagt denn, dass irgendetwas zwischen uns vorgefallen ist außer guten Gesprächen an einem ausgelassenen Abend? Dass ich dann nicht mehr betrunken mit dem Fahrrad nach Hause gefahren bin, ist mehr als vernünftig. Das reine Übernachten bei Mitarbeitern wird Chefs doch wohl erlaubt sein. In den Staaten wäre ich nun schon wegen sexueller Nötigung verhaftet worden, aber wir sind im wilden Berlin des einundzwanzigsten Jahrhunderts. Ich bin nackt, aber ich schlafe immer nackt, das ist also völlig normal. Alles keine Beweise, höchstens Indizien, vor Gericht würde mein Anwalt diese in der Luft zerreißen.

Ich ziehe mich zügig an und gehe in die Küche, um nach Trinkbarem zu suchen. Ein wenig Leitungswasser lasse ich ablaufen, bevor ich das Ikea-Glas damit auffülle und es gierig hinunterstürze. Mir geht es ein klein wenig besser. Aspirintabletten finde ich, zwei davon verleibe ich mir mit Hilfe eines weiteren Glases Leitungswasser ein. Die Küche sieht nicht so aus, als würde hier häufig gekocht, sie wird augenscheinlich auch als Badezimmer genutzt. Da erst wird mir bewusst, dass die Wohnung keine Toilette besitzt.

Im Treppenhaus klimpert ein Schlüsselbund, ein Schlüssel wird in die Wohnungstür gesteckt, die Wohnungstür wird geöffnet. Ich falte die Hände, blicke nach oben zur Zimmerdecke, sehe die sogenannte russische Beleuchtung – eine Glühbirne in einer Fassung – und sage ganz leise vor mich hin: »Bitte lieber Gott, bitte nicht!«

An die Merziger-Apfelschorle, die ich als Kind zu Messwein verwandelt habe, denke ich.

Nicht Gott antwortet, sondern eine wohlbekannte Frauenstimme trällert: »Frühstück!« Leicht versoffen klingend, aber eindeutig Milena gehörend.

Ich atme tief durch und trete in das Zimmer. Milena stellt zwei Pappbecher zum Mitnehmen, die vermutlich mit Kaffee gefüllt sind, eine Tüte mit Backwaren, eine Ausgabe einer Berliner Tageszeitung und einen Orangensaft im Tetrapak auf den runden Tisch am Fenster.

»Guten Morgen! Gut geschlafen? Bringst du bitte mal zwei kleine Teller und zwei Gläser für den O-Saft mit?«

Milena hat alles im Griff. Sie sieht erstaunlich frisch aus.

Mechanisch führe ich den Auftrag aus. Alle meine Glieder schmerzen, ich fühle mich wie durch den Müllschlucker gezogen. Vor allem mein rechter Kiefer dröhnt, als hätte mich jemand geschlagen.

Noch ist hier nichts bewiesen, alles ist unter Kontrolle. Selbst wenn ich Sex mit Milena hatte – das ist doch kein Drama. Vielleicht werden wir ja ein Paar? Vielleicht lieben wir uns? Dann ist das hier auch alles absolut vertretbar. Dann mache ich sie zur Geschäftspartnerin. Dass sie auch in schwierigen Situationen mit anpacken kann, hat sie bereits unter Beweis gestellt.

Jetzt erinnere ich mich, dass ich letzte Nacht die entscheidende Frage nach uns beiden gestellt habe, ich kann mich nur nicht an die Antwort erinnern. Es könnte auch sein, dass Milena der Antwort ausgewichen ist, ich weiß es nicht mehr.

»Hast du gut geschlafen?«

Die Vertrautheit in Milenas Frage fällt wie ein großer Vorschlaghammer auf meinen ohnehin bereits schwer lädierten Schädel. Wir sitzen hier an diesem Tisch wie ein altes Ehepaar, fehlt nur noch, dass ich mich hinter der Zeitung vergrabe.

»Ähem, äh, ja, nur zu kurz, nehme ich an.«

Meine Stimme klingt nicht nur leicht, sondern massiv versoffen. Jemand hat mir mal erzählt, dass Alkohol als Muskelrelaxans wirke. Weshalb die Stimmbänder nach der Einnahme großer Mengen desselben weniger straff gespannt seien und damit wie die Saiten einer Gitarre, die man gelockert hat, tiefer klängen. Wie eine schlaffe Gitarrensaite fühle ich mich im Ganzen.

Die Backwaren entpuppen sich als zwei Croissants. Mein Magen ist der Meinung, dass die beiden Aspirintabletten Frühstück genug waren, mein Verstand lässt mich aber einige Bissen des Croissants verspeisen. Mir will kein geschmeidiges Gesprächsthema einfallen. Ich kann mir zweifelsfrei einen ausgewachsenen, handfesten Kater beglaubigen. Milena scheint die Situation als normal hinzunehmen. Ist sie einfach geübt in Das-Frühstück-nach-der-ersten-Nacht, oder ist sie schauspielerisch abgebrüht? Solche Morgen sind immer ein bisschen schwierig, aber in so einer Konstellation sind sie nur unter großen Schmerzen auflösbar. Milena ist kalt, aalglatt. Ich kann nicht sagen warum, aber ich bin mir jetzt sicher, dass ich hier nicht sitzen würde, wenn ich nicht ihr Chef wäre. Diese gefühlte Gewissheit legt sich bleiern über meinen Bauch.

Milena plappert frei über die Kaffeequalität ihres Bäckers, die ganz ok sei, aber nicht vergleichbar mit der unsrigen, dass sie diese Tageszeitung hier immer am liebsten lese. Der Kaffee schmeckt fürchterlich. Meine Visionen der Liebe und Geschäftspartnerei in Bezug auf Milena verwerfe ich. Ich muss mir eingestehen, ich empfinde nichts für sie. Das wäre zumindest geklärt. Dafür war diese Nacht schon mal gut, auch wenn der Preis dieser Erkenntnis in jedem Fall sehr hoch ausfallen wird. Ich versuche die Situation wie ein Erwachsener zu lösen, wir können doch jetzt nicht so tun, als sei gar nichts gewesen, egal, ob wir Sex miteinander hatten oder nicht. Ich unterbreche sie. »Milena, lass uns das als einmaligen Ausrutscher betrachten.«

Sie nimmt einen Schluck Kaffee und lehnt sich zurück.

Das werte ich als Zustimmung und setze nach: »Ich denke, wir beide haben ein gesteigertes Interesse daran, dass niemand von der Angelegenheit erfährt.«

Es entsteht eine unangenehme Pause. Papierknistern, Kaffeeschlürfen, Räuspern, eine S-Bahn rauscht vorbei.

»Wenn wir schon offen miteinander sprechen … Ich wollte dich auch noch was fragen … Wäre vielleicht ein höherer Stundenlohn für mich drin? Ich bin von Anfang an dabei und habe meine Schichten immer zuverlässig absolviert.«

Sie klimpert mit ihren Augen, dreht den Kopf ein wenig zur Seite und nach unten. Sie ist nicht mehr kalt. Ich verspreche ihr, diese Forderung im Hinterkopf zu behalten und demnächst zu berücksichtigen. Dieses stillschweigende Abkommen ist mir in meinem jetzigen Zustand lieber als weitere Unsicherheit. Die Empörung, die in mir hätte aufsteigen müssen, wurde vom Kater, der Angst und dem Schuldgefühl weggesperrt. Immerhin bemerke ich, dass ich empört sein müsste.

»Kann ich mal deine Toilette benutzen?«

»Klar. Außenklo, halbe Treppe nach oben, der Schlüssel hängt neben der Wohnungstür. Ich muss jetzt aber los, sonst komme ich zu spät zu meiner Frühschicht, und ich denke, wir beide haben ein gesteigertes Interesse daran, dass das nicht passiert. Die Wohnungstür kannst du einfach zuziehen.«

Sie greift nach Tasche und Mantel, beugt sich zu mir hinunter und küsst mich kurz auf den Mund, recht feucht.

»Bis gleich!« Sie winkt mir zu, die Tür fällt ins Schloss.

Ich blicke auf die Tageszeitung und breche innerlich zusammen. Ich Vollidiot! Anstatt die Dinge vernünftig zu regeln und in die Hand zu nehmen, reite ich mich immer tiefer in die Verstrickungen. Verstrickung deluxe! Ich und Odysseus! An Selbstüberschätzung leide ich. Töricht wie der Zyklop habe ich mich verhalten. Nichts von dem, was ich mir vorgenommen hatte für die letzte Nacht, hat geklappt. Nicht den Absprung geschafft und morgens auch noch bei der klatschwütigsten Mitarbeiterin des Universums im Bett aufgewacht, ohne zu wissen, was tatsächlich geschehen ist.

Verschämt blättere ich die Zeitung durch, ohne zu lesen. Auf der Berlin-Seite fällt mir ein Foto auf. Abgebildet ist der Eingangsbereich eines besetzten Hauses in Friedrichshain. Das Fassadendesign besetzter Häuser ähnelt sich sehr. »Liebig 14 bleibt!«, steht da über dem Hauseingang, und an der Haustür hängt eine Tafel. In Schwarzweiß gehalten, abgebildet ist darauf ein Pony und der Spruch »Das Leben ist kein Ponyhof.« Die Tafel wurde in der Mitte zersägt, damit sie besser auf die Tür passt.

Ich lache heiser in mich hinein. Ich hatte Pressemitteilungen verschickt und alte Kontakte spielen lassen. Niemand hatte über das Café berichten wollen. Dann eben so. Any news is good news, heißt ein Grundsatz der PR-Arbeit. Bitte schön, geht doch. Below-the-line-Marketing ist schwer im Kommen. Auch hier habe ich dann wohl unbeabsichtigt neue Wege beschritten.

Es läuft doch gar nicht so schlecht. Gestern Nacht wurde ich von einem Fremden erkannt. Heute ein Bild in der Zeitung. Aufregung und Aufbruchsstimmung steigen in mir auf. Es kann alles nur besser werden. Ich reiße die Zeitungsseite heraus und stecke sie zusammengefaltet in die Hosentasche.

16.

NICHT SCHNITZEL WIENER ART

Vor dem Café stehen zwei Hochstühle. Sie besitzen einen leiterhaften Aufstieg und eine orangefarbene Kunststoffsitzschale mit Luftlöchern, vor der man ein Brett als kleines Tischchen herunterklappen kann. Ansonsten wurden sie aus Aluminium gefertigt.

Mein Haar ist noch nicht ganz getrocknet, auf dem Weg von Milenas Wohnung zu meiner Arbeitsstätte fuhr ich geschwind nach Hause, um zu duschen und mich umzuziehen. Dort wurde ich schmerzlich daran erinnert, dass meine Waschmaschine kaputt ist. Irgendwie konnte ich aber alle Kleidungsstücke gegen frische austauschen, bis auf meine Hose. Auch wenn es nicht alles Lieblingsteile waren. In genau den gleichen Kleidungsstücken wie gestern im Café zu erscheinen und dabei zu riechen wie eine verqualmte Bierstube, hielt ich für keine gute Idee. Mein körperlicher und geistiger Zustand war von Erschöpfung und Vernebelung geprägt, dies hoffte ich durch Waschen und Umkleiden ein wenig zu verbessern. Aber die Nachwirkungen des Alkoholkonsums der letzten Nacht, des Schlafmangels und der Schuldgefühle blieben vorherrschend. Aus meinem Katererfahrungsschatz weiß ich, dass ich irgendwie bis zum Nachmittag durchhalten muss, dann geht es meist langsam besser.

Glücklicherweise führt das letzte Stück meines Arbeitsweges den Weinbergsweg hinunter. Ich ließ mich langsam auf meinem Fahrrad rollen, die unerschöpfliche Gravitationskraft Mutter Erdes ausnutzend, genoss, so weit es mein Zustand zuließ, den kühlen Fahrtwind und beschloss, heute möglichst früh wieder nach Hause zu fahren.

Gegenüber, vor Yildiz Grill-Bistro, dem Dönerladen, der gleichzeitig auch ein China-Imbiss und eine Pizzeria ist, steht ein baugleicher Hochstuhl. Das Haus, das bis auf Yildiz Grill-Bistro leer ist, wird gerade eingerüstet. Vermutlich soll es saniert werden.

Der Yildiz-Hochstuhl setzt sich in Bewegung. Er wird gemeinsam getragen von Aurinia – ich erkenne sie auch aus dieser Entfernung an ihrem Gewand, das absolut identisch mit dem ist, das sie gestern zur Teufelsaustreibung anhatte – und von Magnus, der ein orangefarbenes Tuch um den Hals gebunden hat. Das Tuch ist aus dem gleichen Stoff wie Aurinias wallendes Gewand.

Fröhlich transportieren sie den dritten Hochstuhl über den Fußgängerüberweg, die Ampel zwingt sie, auf der Verkehrsinsel eine Pause zu machen. Die nutzen die beiden, um sich zu umarmen und zu küssen. Aurinias Kleidung ist farblich perfekt abgestimmt auf die Farbe der Sitzschale des Hochstuhls, die kronengleich über ihr schwebt.

All diese Eindrücke kann und will ich nicht als real gegeben hinnehmen und konzentriere mich darauf, die überraschende Existenz der Hochstühle vor meinem Laden aufzuklären. Ich lehne mich an das Geländer des U-Bahneinganges und warte auf die Ankunft des dritten Objektes. Die Reise hat mich Kraft gekostet, kleine Schweißausbrüche und Kreislaufeinbrüche überkommen mich. Die Aspirintabletten aus Milenas Küche beginnen langsam zu wirken, das ist ein schönes Gefühl.

Magnus und Aurinia bemerken meine Anwesenheit erst,

als sie den dritten Hochstuhl vor das Café stellen. Magnus strahlt mich an. »Gut siehst du aus. Viel besser als gestern. Da hast du dich gut erholt?«

Magnus meint das nicht ironisch. Mein äußeres Erscheinungsbild nach einer durchzechten Nacht wirkt meist überraschend frisch. Wenn ich ein veganes Abendessen und Tee zu mir nehme und zehn Stunden schlafe, fragen mich meine Mitmenschen am nächsten Morgen, was denn mit mir in der letzten Nacht geschehen sei. Auch hier scheint die Natur eine Regel zu verkehren, so wie das Café bei schlechtem Wetter besser aussieht als bei gutem.

Ich gehe nicht auf seine Äußerung ein, ich muss mir meine Kräfte heute einteilen.

»Was sind das für Hochstühle?«

»O ja, die sind cool, oder? Ein Freund von mir ist Tennislehrer, und die haben neue Schiedsrichterausrüstung erhalten. Die wollten die Stühle in den Müll machen, da habe ich gesagt, das wäre absolut schade. Deshalb hat er sie zu mir nach Hause gebracht, aber sie passen nicht durch mein Tür. Ich kann die gar nicht beherbergen.«

»Und da dachtest du dir, dann stelle ich sie mal vor das Café?«

»Ja, genau. Weil, das ist doch ein guter Eyecatcher und sieht lustig aus. Und Platz genug hast du doch da. Das Vierte holen wir jetzt noch.«

Magnus und Aurinia lächeln sich lange an, als ob ich gar nicht vorhanden wäre. Wahrscheinlich höre ich bald davon, dass die beiden gemeinsam einen Ashram eröffnen wollen, der heißt dann »Yoni und Lingam«. Die Hochstühle sehen ungewöhnlich aus, Magnus Einschätzung ist nicht falsch. Aber was haben sie vor einem Café zu suchen? Einer nimmt die Fläche von vier regulären Sitzplätzen ein. Für große Auseinandersetzungen bin ich heute zu schwach.

»Einverstanden. Stellt sie doch erst mal hier ab. Wir warten ein paar Tage, wie die so ankommen bei den Gästen.«

Als passendste Position legen wir drei noch gemeinsam die beiden äußersten Punkte des Schankvorgartens fest, auf der Torstraße vor unserer Küche und auf der Rosenthaler Straße kurz vor dem angrenzenden Gebäude.

Arm in Arm ziehen die beiden los, um das Projekt zu Ende zu führen. Ich blicke ihnen mit gemischten Gefühlen nach und gehe alleine in mein Café.

Milena hat spürbar schlechte Laune. Der Porno-Cutter sitzt bei ihr am Tresen, neben ihm eine hübsche Frau, die abwesend auf ihrem Mobiltelefon herumtippt.

»Morgen! Du siehst ja fertig aus. Schlecht geschlafen?«, sagt Milena kalt und gereizt, ihre Stimme klingt ein wenig höher und aufgekratzt. Sie demonstriert mir ihre neugewonnene Macht.

Den Porno-Cutter erfreut diese Art der Begrüßung, er lächelt in sich hinein. Ich antworte wortkarg und bemüht freundlich und werde von Shanti gerettet, der mich aufgebracht in die Küche ruft.

»Da bist du ja endlich! Du musst jetzt sofort losgehen in die Büros. Es ist bald Mittagszeit.«

Heute beginnen wir mit dem neuen Mittagstischangebot. Wenn Shanti mich nicht daran erinnert hätte, hätte ich es womöglich ganz vergessen. Den Plan, die Wochenkarte persönlich in den Büros und Agenturen zu verteilen, finde ich mit einem Mal nicht mehr überzeugend. Ist das der richtige Weg? Sollte man ihn nicht lieber per Post oder E-Mail schicken?

»Shanti, bist du dir sicher, dass das alles so funktionieren wird, wie wir uns das gedacht haben, wenn ich gleich so ›Ding-dong. Guten Tag, ich komme von dem neuen Café da drüben und wollte euch unsere neue Wochenkarte überreichen‹ bei irgendwelchen Büros klingeln gehe?«

Ich versuche möglichst mitleiderregend auszusehen. In Shantis Gesicht zeichnet sich eine Regung ab, um Mitleid handelt es sich dabei nicht.

»Was gibt es eigentlich so dermaßen dämlich zu grinsen? Hab ich was im Gesicht?«

Ich streiche mit der Hand über Wangen und Stirn. Die rechte Wange schmerzt noch immer deutlich, ohne dass ich den Grund dafür kenne. Ist mir der Burger-King-Fan gestern Nacht noch mal begegnet?

»Ich? Ich grinse doch gar nicht.«

»Stimmt, du kannst kaum sprechen vor Lachen.«

»Sag mal, hat die Putzfrau die Küche heute mit Desinfektionsmittel grundgereinigt, oder bist du das?«

Flüchtet sich Shanti in eine Anspielung auf meine Alkoholfahne, weiß er irgendetwas von Milena?

Ich kämpfe weiter um Begnadigung. »Was machen wir jetzt mit dem Mittagessen? Lass uns das doch bitte einfach um einen Tag verschieben.«

Shantis Belustigung ist vorbei. »Auf keinen Fall! Gerade heute zum Auftakt habe ich doch Wiener Schnitzel auf dem Programm. Die sind schon geklopft, und die Panade ist auch schon fertig. Das schmeißen wir sonst alles weg.«

Kalbsschnitzel sind es, sonst dürften sie nur Schnitzel Wiener Art heißen. Das hatten wir bei der Erstellung der Karte auf einer Verbraucherschutzseite im Internet recherchiert. Wir wollen ehrlich zu unseren Gästen sein. Die Kalbsschnitzel hatte Shanti heute morgen auf dem Weg zur Arbeit in der Ackerhalle teuer erstanden. Ich kann schlecht die Mitarbeiter zu penibler Sparsamkeit anhalten und gleichzeitig leichtfertig teures Fleisch wegwerfen, nur weil ich ein bisschen Kopfschmerzen habe.

Aus dem Café gleich wieder hinauszukommen, empfinde ich zudem als erlösende Vorstellung. Milena bin ich in diesem Zustand nicht gewachsen. Wenn Magnus mit Aurinia Arm in Arm in den Laden kommt, muss ich auch nicht unbedingt vor Ort sein, die nachfolgende Berichterstattung genügt mir.

Dieses Gewitter lasse ich vorüberziehen, ich stürze mich lieber auf das Direktmarketing für das Café. Das ist jetzt wichtiger als mein Kater oder die möglichen Konflikte im Team.

Ich lächele Shanti an, er versteht sofort, nimmt feierlich den Stapel mit den Wochenkarten, hält ihn mir hin wie die Bibel in amerikanischen Filmen, auf die man schwören soll, bevor man in den Zeugenstand gerufen wird. Ich nicke ihm zu, fasse mit beiden Händen den Stapel, so dass er nun von insgesamt vier Händen gehalten wird. Shanti wackelt kurz damit, um mir Mut zu machen, schaut mir in die Augen und sagt: »Viel Glück auf deiner Reise.«

Groß ist der Stapel, sicherlich mehr als einhundert Kopien umfasst er. Ich kann heute unmöglich einhundert Büros einen Besuch abstatten.

»Danke«, sage ich bewegt und schreite pflichterfüllt wie ein Soldat, der in die Schlacht geschickt wird, durch den Tresen nach draußen. Ich meine ein leises ›Viel Glück!‹ auch von Milena gehört zu haben, tue das aber als Fehlleistung meiner überforderten und von der letzten Nacht abgewetzten Synapsen ab.

17.

ELSASS-LOTHRINGEN

Zum Auftakt der Direktmarketing-Kampagne will ich in das unter Denkmalschutz stehende Postgebäude auf der Torstraße schräg gegenüber gehen. Im Erdgeschoss ist noch immer eine Filiale der Deutschen Post, aber in den Stockwerken darüber befinden sich Medienunternehmen und Agenturen.

Der Rosenthaler Platz und die Torstraße empfangen mich mit Gebrüll. Polizeisirenen, Presslufthammer, Motorenlärm, Gehupe. Meine Augenlider werden von diesem immensen Schalldruck zitternd nach unten gezogen. Die Torstraße tut immer ein bisschen weh. Sie riecht nach Autoabgasen und Braunkohle. Noch immer sind viele Häuser unsaniert und mit Kohleöfen ausgestattet. Jetzt, in den ersten kühlen Tagen des Jahres, hängt der typische Braunkohlegeruch in der Luft. Muffig und kupfern-metallisch, ein bisschen wie der Geschmack von Penicillinsaft.

Die Torstraße hat viele Leben. Sie bildete lange Zeit die Stadtgrenze Berlins. Stadttore befanden sich auf ihr: Oranienburger Tor, Hamburger Tor, Rosenthaler Tor, Schönhauser Tor und Prenzlauer Tor. Von allen Berliner Stadttoren existiert heute nur noch das Brandenburger Tor.

Der Kaiser hat die Torstraße nach dem Krieg gegen Frankreich umbenannt. Den westlich vom Rosenthaler Platz abgehenden Teil in Elsaßer Straße und den östlichen in Lothringer

Straße. Als Zeichen der Besetzung dieser Gebiete nach dem Krieg. Das machte sich gut auf dem Stadtplan. In der Mitte Berlins stand dick und breit: »Elsaß-Lothringen«. Einverleibt, runtergeschluckt in die preußische Machtzentrale, für alle gut sichtbar. Auch eine Form von Below-the-Line-Marketing. Eroberte französische Kanonen hat er vergolden und als Zierde an die Siegessäule im Tiergarten hängen lassen, wo sie sich noch immer befinden. Die Torstraße aber wurde nach dem Zweiten Weltkrieg umbenannt in Wilhelm-Pieck-Straße, nach dem ersten und einzigen Präsidenten der DDR. Mitte der Neunziger erfolgte dann die Rückführung zum schönen Namen Torstraße.

Die Torstraße ist südlich wie nördlich von satten, sanierten und gentrifizierten Gebieten umschlungen, sie selber aber ist nahezu unberührt von diesem Effekt.

Die Torstraße ist eine dicke Vene auf der Hand der alten Diva Berlin, violett hervorstechend unter der schon dünn gewordenen Haut der Hand, die schon so vieles getragen hat, deren Knöchel deutlich hervorstehen. In der Mitte der Vene, dort, wo man die Nadel für eine Infusion ansetzen würde, liegt der Rosenthaler Platz mit dem Café.

Wenn man die Torstraße betrachtet, wird man daran erinnert, dass Berlin bei allem Hype vor allem auch eine heftige und räudige Stadt war und ist, eine Großstadt eben. Vermutlich wird sich die Torstraße auch noch lange gegen die sie umgebenden Veränderungen zur Wehr setzen. Zu vierspurig, zu laut ist sie.

Nach einigen Sekunden habe ich mich an den Lärmpegel gewöhnt und fühle mich mit meinem Kater ganz wohl auf der alten Vene. Echte Berliner Toleranz und Anonymität umfließen und durchströmen mich. Die Torstraße ist einer der wenigen Orte in Berlin, an denen man sich verkatert besser fühlt als nüchtern. Das wahre Gesicht, die große

Schwingung der Torstraße, kann man nur verkatert erfahren.

Das alte Posthaus schluckt mich, und abrupt wird das Programm umgeschaltet. Gepflegter Treppenaufgang, Schilder mit wohldurchdachten Firmennamen. Ein bisschen lustig und vor allem kreativ.

Ich klingele bei einer Filmproduktion. Räuspere mich. Aufregung macht sich breit, meinen instabilen Kreislauf spüre ich wieder. Mein Puls klopft an die Schläfen. Die Tür wird von einem magnetischen Türöffner freigegeben. Ich trete ein und stehe in einer kleinen Lobby mit Tresen. Alles schön weiß, könnte auch eine gut gestaltete Zahnarztpraxis sein. Hinter dem Tresen erwartet mich eine junge, professionell lächelnde Frau. Dunkles kurzes Haar, bunte Strasssteine in den Ohren, markantes Gesicht, groß und schlank, im perfekten Agenturstyle gekleidet. Schick, aber auch sportlich.

»Ich komme von dem neuen Café hier gegenüber«, sage ich. »Ein sehr schönes Büro habt ihr hier. Wir bieten ab heute Mittagessen an, und ich wollte euch unsere Wochenkarte dalassen.«

Während ich rede, fällt mir Shantis Desinfektionsmittelbemerkung ein, und ich trete ein wenig zurück. Eine Tür geht auf, und jemand ruft etwas zum Tresen, die junge Frau wendet sich dem Rufer zu und nickt. Sie hat mir nach den ersten Worten schon nicht mehr zugehört. Ein wunderbares Gefühl.

»Vielleicht habt ihr ja Lust, uns mal zu testen, ist gar nicht weit weg, nur über die Straße.«

»Bist du das?«, fragt mich die junge Frau auf einmal überrascht, und sofort weiß ich: Ja, das bin ich.

Cordula, genannt Corry, eine ehemalige Mitarbeiterin meiner Werbeagentur, steht vor mir. Was ist los mit mir, warum habe ich sie nicht erkannt? Ich war voll auf meinen Direktmarketing-Feldzug konzentriert und hatte einfach nicht damit gerechnet, sie hier anzutreffen. Wenn man die Kassiererin seines Stammsupermarktes auf der Straße trifft, dann weiß man, dass man sie kennt, weiß aber nicht woher, da das Hintergrundbild ein anderes ist.

»Wie geht es dir? Hast du ein neues Projekt angestoßen? Bist du jetzt Flyerverteiler geworden?« Sie lacht mich an und zieht mich über den Tresen, um mich zu umarmen.

»Gestern aus gewesen?«, fragt sie, immer noch lachend.

Im Laufe unserer Unterhaltung wird deutlich, dass sie und wohl auch niemand sonst in der Agentur bemerkt hat, dass es seit einigen Monaten ein neues Café gibt. Das verwundert mich, denn wenn man aus dem Fenster schaut, blickt man schräg auf die Torstraßen-Seite des Cafés. Diese Erkenntnis schockiert mich, da ich fest davon ausging, ich würde als einzige Neuigkeit die Wochenkarte, nicht aber die Existenz des Cafés auftischen. Andererseits macht es Hoffnung, da es bedeutet, dass in der direkten Nachbarschaft ein großes, unausgeschöpftes Gästepotential vorhanden ist.

»Klingt ja ganz lecker, die Karte hier. Wiener Schnitzel. Mal was anderes am Rosenthaler. Aber du hast mir immer noch nicht verraten, warum du diese Karten austeilst.«

Wenn der Chef persönlich rumlaufen muss und um Gäste bettelt, das sieht doch nicht aus. Gerade in der Medien- und Agenturszene sind Reputation und Image wichtig. Man geht doch nicht in ein Café, das so uncool ist, dass der Chef selber die Flyer verteilen muss. Das Gesetz der kritischen Masse greift hier gnadenlos. Außerdem ist es auch ein Unding zu sagen: ›Ich habe jetzt ein Café‹, das ist ein bisschen wie ›Ich schreibe gerade an einem Roman‹. Zudem schießt mir die Burger-King-Geschichte der letzten Nacht durch den Kopf, so dass ich beschließe, mich im Tarnkappenmodus aus dem Kampfeinsatz zurückzuziehen: »Ein Freund von mir betreibt das Café. Als alter Werbestratege greife ich ihm da ein wenig unter die Arme.«

»Ach, ist das der Laden mit diesen Hochstühlen davor? Ist auch echt nett geworden, der Flyer. Wann starten wir denn noch mal ein Projekt zusammen? Vielleicht gehen wir ja demnächst mal wieder ein Bier trinken?«

Die Erinnerung an dieses Getränk erzeugt Gänsehaut auf meinen Unterarmen.

»Ja … Lass uns mal mailen.«

Ich lege einen ordentlichen Stapel Wochenkarten auf den Tresen.

»Das sind zu viele, so groß ist die Firma nicht.«

Sie behält genau ein Blatt und gibt mir die anderen zurück.

Im Treppenhaus des Postgebäudes lehne ich mich an die Wand und erfreue mich der Ruhe und Kühle.

Ich habe gerade mich und meinen Laden verleugnet. Wie kann ich das tun? Ich fühle mich schuldig, auch Corry gegenüber, was soll sie denken, wenn sie irgendwann mitbekommt, dass ich der Betreiber bin? Der Name meines Cafés verrät viel über den Namen seines Besitzers. Den Impuls, noch mal zu klingeln und die Sache aufzuklären, rede ich mir erfolgreich aus. Vielleicht denkt sie nur, dass ich sehr bescheiden bin. Nicht zu einem großen, schlecht laufenden Café zu stehen, hat allerdings mehr mit Scham als mit Bescheidenheit zu tun.

Wäre ich doch nur nicht so verkatert, dann hätte ich womöglich geschickter und vor allem selbstbewusster gehandelt. Wie kann ich in einer so wichtigen Phase meines Lebens dermaßen abstürzen? Die Bestrafung erfolgte bereits im Laufe des Absturzes und wird nun munter fortgeführt.

Ich werde noch ein paar Wochenkarten in Häusern verteilen, in denen nicht die Gefahr besteht, dass mich jemand kennt, und dann schnellstmöglich in einem dunklen, kühlen

Raum verschwinden, bis die Gefahr vorüber ist. Wenn ich noch eine weitere Wochenkarte an den Mann bringe, dann darf ich Shanti gegenüber im Plural sprechen, ohne weitere Schuld auf mich zu nehmen. Wütend auf mich selber trete ich auf die Torstraße hinaus, die immer noch brüllt.

Klamotte kommt aus dem Haupteingang der Post, er hat einen Paketeinlieferungsbeleg in der Hand. Sein Postauto steht direkt davor im absoluten Halteverbot – auch er ein Meister der Tarnung und Verstellung, wie ich. Nur ehrenhafter und schlauer fühlt sich seine Tarnung an. Er Postmann, ich Flyerverteiler. Er mustert mich und schaut auf die Wochenspeisekarte in meiner Hand.

»Die rischtisch wichtijen Dinge macht Chefi persönlich, wa?«

Eine Unterhaltung auf der Torstraße erfordert, dass die Teilnehmer sich anschreien oder ihre Münder nah an das Ohr des Gegenübers bringen. Ganz wie im Golden Gate. Postbote und Flyerverteiler wählen die erste Variante.

»Für sone Jeschichten kannste doch ooch een von deinem Personal nehmen. Denn können se ooch mal die Beene bewejen und nich nur in Bauch rinstellen«, brüllt Klamotte mich an.

Daran hatte ich noch gar nicht gedacht. Aber wie kann ich mich darauf verlassen, dass die Wochenkarten auch zuverlässig verteilt werden? Wer sollte das erledigen? Magnus? Die Zwillinge?

»Wat sacht n der Schildermacher? Is det Ding in der Mache?«

Um die Tafel hatte ich mich noch nicht kümmern können. Ich stehe mit Klamotte auf der Torstraße, an einem kühlen, grauen Oktobertag. Menschen strömen in die Post hinein und hinaus. Jemand macht eine abwehrende Geste mir gegenüber, er hat Angst, dass ich ihm einen Flyer in die Hand drücken will.

»Ich habe es noch nicht geschafft, den Schildermacher anzurufen, erledige ich aber gleich, wenn ich wieder im Laden bin.«

Franz Biberkopf könnte genau hier seine vorgebundenen Krawatten verkauft haben. Damals war das eine Weltneuheit. Durch den Krawattenverkauf versuchte er ehrlich zu bleiben. Vielleicht ist es einfach grundsätzlich nicht möglich, in Berlin ehrlich zu bleiben. Die alte Diva zwingt die Menschen zum Tricksen.

»Da war ick jerade. In deim Mäuse-uffm-Tisch-Laden. Ick wees nich, ob ihr dit im Westen ooch jelernt habt, aber bei uns im Osten jibt et nen wichtijen Grundsatz: Keen Fick inne Fabrik.«

»Was hat Milena dir erzählt?«, platzt es aus mir heraus, ich schreie, dabei überschlägt sich meine Stimme ein wenig. Die Wahrheit will ich jetzt endlich wissen. Was ist in der letzten Nacht geschehen?

»Janüscht hatse erzählt. Dit sieht doch n Blinder mitm Krückstock, dit du im ollen Aschinger mehr mitn Personal als mitn Jeschäft beschäfticht bist. Aber jut is dit nich. Dit kannste wissen.«

Aus seinen Gastroerzählungen weiß ich, dass er der Meinung ist, dass nur straffe Hierarchien funktionieren. Meine Ansätze mit selbstverwalteten Schichtplänen, Eigenverantwortung und Einbringung der Mitarbeiter hat er in den letzten Monaten hautnah miterlebt. Auf ihn muss der Laden wirken wie ein besetztes Haus, ohne Türen, keine Grenzen, für niemanden.

»Klamotte, ich weiß doch auch nicht so recht, was ich tun soll. Ich habe das Gefühl, dass der Laden gar nicht mehr mir gehört.«

Am liebsten würde ich Klamotte umarmen und meinen Kopf auf seine Brust legen.

»Also ick kenn dit so mit Teamtreffen. Dit alle an eem Tisch sitzen und der Chef einfach mal n paar Ansagen macht, und denn, wem dit nich passt, der muss eben jehen.«

Eine Teamsitzung ist eine gute Idee. Ursprünglich wollte ich die einmal im Monat abhalten. Dieser Plan ist aber, so wie einige andere Pläne, nie ausgeführt worden. Ich werde mir meinen Laden zurückholen! Ich werde von nun an alle Pläne zur Ausführung bringen. Ich werde Türen einbauen.

Ich bedanke mich bei Klamotte für seinen guten Ratschlag. Überreiche ihm eine Wochenkarte. Er findet dit jut, dit Essen und auch die Verteilung der Karte in der Nachbarschaft. Wir verabschieden uns mit einem festen Händedruck.

Die Büros können warten. Ich habe für heute genug getan. Auf dem Weg zurück zum Café schmeiße ich die Hälfte der Wochenkarten in einen orangefarbenen Mülleimer der BSR, der an einem Verkehrsschild befestigt ist.

18.

NASSES FELL

Vor dem Café stehen noch immer nur drei Hochstühle, die Anlieferung des vierten scheint sich zu verzögern. Shanti wundert sich, dass ich schon zurück bin.

»Auf der Torstraße befinden sich unglaublich viele Büros auf unglaublich kleinem Raum«, erkläre ich ihm. »Ein schier unerschöpfliches Gastpotential durfte ich erfahren.«

Ich habe wohl noch immer ein wenig Restalkohol im Blut.

Shanti ist voller Freude. Seine Augen strahlen.

»Wow, du hast ja die Hälfte der Flyer verteilt. Dann sind die Büros ja wirklich alle nah beisammen. Nicht schlecht. Ich würde sagen, jetzt müssen wir nur noch auf die Gäste warten. Das Schnitzel habe ich schon mit bunter Kreide auf den Kundenbrecher geschrieben und ihn draußen hingestellt.«

Shanti ist von echter Aufbruchsstimmung erfüllt.

Die bunte Kreide hatte ich genauso wie den Kundenbrecher versteckt und Shanti auch schon mehrmals darauf hingewiesen, dass wir beides nicht mehr benutzen, um nicht mit einem Biosupermarkt verwechselt zu werden. Er umarmt mich und verweist auf den heutigen Ton 8 im 5. Siegel des Uinal »Schlange«, der für Gerechtigkeit und den Rhythmus des Lebens steht.

Schuldgefühle überkommen mich, aber ich habe ihn nicht angelogen, und die Idee, eine Teamsitzung abzuhalten und Türen in das besetzte Café einzubauen, entspricht auch dem

Ton 8. Morgen werde ich einfach sehr viele Büros besuchen und die Fehlmenge von heute wieder wettmachen, meine Schuld tilgen.

Andererseits hätte ich ihm doch auch die Wahrheit sagen und auf sein Verständnis hoffen können. Aber ich will ihm die Frustration ersparen. In einer kleinen Ecke meines Bewusstseins spüre ich, dass diese Frustrationsschonung Shanti gute Laune schenkt, mir aber Schuldgefühle. Nicht unbedingt ein heilsamer Vorgang im Sinne der Psychohygiene. Aber bei all den Lügen und moralischen Verfehlungen der letzten vierundzwanzig Stunden habe ich diese Schuldgefühle verdient. Wenn das die einzige Strafe neben dem Kater deluxe bleibt, so will ich nicht klagen. Ich nehme die Strafe an.

Shanti umarmt mich fest. Er hält mich. Körperliche Nähe tut mir gut.

Milena steckt den Kopf in den Speiselift, die Küche möchte sie nicht betreten.

»Ich brauche Kleingeld. Zehn- und Zwanzig-Cent-Stücke. Dringend.«

Sie spricht mit mir über ganz normale geschäftliche Vorgänge! Das beruhigt mich. Erst jetzt wird mir das Ausmaß meiner Anspannung in Bezug auf sie vollends klar. Von ihr aus dürfen wir also eine ganz normale, sachliche Geschäftsbeziehung führen. Es ist wohl auch besser, wenn die Emotionen außen vor bleiben.

»Sehr gerne, ich gehe schnell in den Keller und hole ein paar Rollen aus dem Tresor. Brauchst du auch kleine Scheine?« Davon habe ich mehr als große.

Sie hört mich nicht, da sie sofort nach ihrer Fahrstuhldurchsage wieder an die Front verschwunden ist. Das habe ich mit meinen müden Sinnen, die vor allem mit Erleichtertsein zu tun hatten, nicht bemerkt. Ich lasse Shanti los.

Die Kleingeldrollen schlage ich auf die Tresenkante vor der Kasse, um sie zu öffnen. Das hat etwas Feierliches, wie das Zerschellen der Champagnerflasche bei einer Schiffstaufe. Vor allem, wenn es bedeutet, dass nachgeladen werden muss, da der Umsatz und damit die Herausgabe des Wechselgeldes gestiegen ist.

Milena blickt mich entnervt an, sie steht neben mir und will eine Bestellung entgegennehmen, kann sie aber aufgrund meines Kleingeldrollenklopfens nicht verstehen. Ich stoppe das Klopfen und strahle sie und den Gast nickend an. Der Gast wiederholt seine Bestellung: »Einmal das Wiener Schnitzel, bitte. Ist das auch wirklich richtiges Wiener?«

Der Mann ist eindeutig von der BSR, der Berliner Stadtreinigung. Das erkennt man unschwer an seiner orangefarbenen Kleidung, das Firmensignet auf seiner Brust. Er hält eine unserer Wochenkarten in der Hand und deutet auf das Wort ›Wiener‹.

Meine Shanti-Schuldgefühle sacken um ein ganzes Level ab. Milena gibt die Frage wortlos, nur mit Blicken an mich weiter. Ich bejahe, freue mich über diese Bestellung und kümmere mich persönlich um die Weitergabe an die Küche.

Dort baue ich mich vor Shanti auf, mache eine kleine Pause, in der er mich gespannt anblickt, und sage feierlich:

»Einmal das Wiener Schnitzel, bitte!«

Shanti stößt einen sehr lauten Freudenschrei aus und dreht sich mit einem großen Kochmesser in der Hand einmal um die eigene Achse. »Kommt sofort, Chef!«

Beflügelt von diesem Erfolg, betrete ich den Tresen. Shanti hatte recht. Der Tag wendet sich zum Guten.

Aurinia und Magnus kommen herein. Der Transport des vierten Hochstuhls hat viel Zeit beansprucht. Magnus begrüßt Milena freundlich und offen. Milena grüßt nicht zurück. Der Tresen, der ganze Laden überzieht sich mit einer hauchdünnen Eisschicht, es knirscht leise.

Die beiden setzen sich unbefangen neben Howard Carpendale. Magnus bestellt zwei Kaffee, Milena ignoriert ihn erneut konsequent. Unberührt davon und gut gelaunt geht er in den Tresen und produziert die Kaffees selber. Mit seinem orangefarbenen Halstuch sieht er sehr verändert aus.

Strenggenommen hat er sich an unsere Vereinbarung gehalten, Aurinia gehört nicht zu den Kollegen, aber es fehlt ihm doch das Feingefühl für die Thematik. Das will ich ihm bei nächster Gelegenheit vermitteln.

Auch wenn Magnus skandinavische Abgebrühtheit ausstrahlt, ist die Situation außerordentlich angespannt, das ist nicht gut für den Laden. Das werden auch die Gäste spüren. Ich wünsche mir eine angenehme, eine fröhliche Stimmung. Ich muss intervenieren.

Ich greife in meine Hosentasche, um den Zeitungsausschnitt zu präsentieren. Meine Finger ertasten dort ein weiteres Objekt, das ich nicht gleich zuordnen kann. Ich will es herausnehmen, um es anzuschauen, was ich nicht tue, da ich bestürzt feststelle, dass es sich um Milenas Toilettentürschlüssel handelt. Ein sogenannter Drückerschlüssel, markant, groß und klobig, so wie sich Kinder Schlüssel vorstellen, mit einem echten Schlüsselbart. Wie viele Menschen in den letzten einhundert Jahren wohl diesen alten Drückerschlüssel benutzt haben? Welche Geschichten er wohl schon erlebt hat, außer der, in der er gerade eine schwierige Rolle zu spielen beginnt? Ich hatte versäumt, ihn wieder an die Wand neben Milenas Wohnungstür zu hängen. Das ist nicht gut, das ist ganz und gar nicht gut. Diesen Schlüssel muss ich ihr heute noch unauffällig zurückgeben, bevor sie Feierabend macht. Zudem eine Gelegenheit, um doch ein paar klärende Worte sprechen zu können.

»Hier, Leute, schaut mal her. Das ist was Lustiges!«

Triumphierend lege ich den Ponyzeitungsausschnitt vor Aurinia, Magnus und Howard auf den Tresen. Milena werkelt an der Kaffeemaschine herum, ich bin mir sicher, sie hat mitbekommen, dass ich auf dem Tresen eine kleine Präsentation abhalte. Es fällt mir nicht leicht, sie direkt anzusprechen, aber wenn ich die Dynamik beeinflussen will, dann muss ich sie jetzt mit einbeziehen. »Milena, komm doch auch mal kurz und schau dir das an.«

Alle sind erstaunt, freudig erregt, auch Milena zeigt eine Reaktion: »Ach ne, wo haste denn die Seite geklaut?«

»Bei … In einem Café«, fällt mir spontan ein. Schon wieder eine Lüge. Wenn ich richtig mitgezählt habe, habe ich Judas jetzt schon längst überholt, und das Krähen des Hahnes ist noch in weiter Ferne.

»Wenn das einer bei uns machen würde, würdest du dich total aufregen! Was ist denn das für eine Doppelmoral?«

Milena weiß genau, wie man mit minimalem Aufwand größte Schmerzen erzeugt. Ich berufe mich auf einen Notfall, was sie mit einem leichten Kopfschütteln ablehnt. Sie lässt aber Gnade walten und vollstreckt nicht.

Magnus schlägt vor, das Schild in der Liebigstraße wieder abzuholen. Ein handfester und konkreter Vorschlag, aber ein zersägtes Schild vor das Café zu hängen, ist keine Lösung. Tauwetter zieht auf, das Eis glänzt angeschmolzen. Wir unterhalten uns entspannt über besetzte Häuser. Das bemerkt auch Milena, aber sie ist noch nicht bereit, Frieden zu schließen. Sie zieht die Daumenschrauben ein wenig nach. »Ich muss jetzt mal hoch zum Abräumen, wir haben ja immer noch keine zweite Frühschicht, und wenn du die besten Bewerberinnen entweder abschreckst oder sie zum zweiten Termin bestellst und dann einfach nicht beachtest, so wie heute, dann werde ich wohl auch noch lange alleine bleiben.«

Die gutaussehende Frau neben dem Porno-Cutter war die Bewerberin. Den Termin hatte ich vergessen.

»Warum hast du mir denn nichts gesagt?«

»Die Flyerverteilung war ja offensichtlich viel wichtiger, als Unterstützung für das Team zu finden. Ich bin mir sicher, dass die Herren den Tresen kurz alleine im Griff haben, zur Not ist hier ja noch beste weibliche Hilfe anwesend.«

Sie blitzt Aurinia an, die selig zurücklächelt. Ich steuere konstruktiv dagegen. »Ich werde bald eine Teamsitzung abhalten. Da können wir in Ruhe alles klären. Auch solche Themen.«

Ich fasse Mut, nutze den rein geschäftlichen Kanal, sage etwas leiser und doch übermäßig laut, in einem merkwürdig schmierigen Tonfall: »Kannst du, wenn du Zeit hast, bitte mal in mein Büro kommen?«

Ich spreche es aus und bemerke, dass ich bei aller Vermeidungsstrategie den gegenteiligen Eindruck erweckt haben muss, es klingt anzüglich. Ich könnte mir die Zunge abhacken.

Milena dreht sich zu mir um, das Tablett wie einen Schild vor der Brust. Sie stellt sich auf die Zehenspitzen, tritt nah an mich heran und zischt: »Also so läuft das hier auf gar keinen Fall. Der Chef pfeift, und die kleine Sekretärin kommt herbei, und zwar nicht nur zum Diktat? Das hast du dir fein ausgedacht. Aber das kannst du dir komplett abschminken!«

Ich schließe die Augen. Kleinkinder halten sich die Hände vor das Gesicht und glauben, sie wären nun für alle anderen unsichtbar. In meiner Dunkelheit sehe ich eine gemütliche Holzhütte am Rande eines Sees. Sie ist umgeben von einem jungen, frischen Birkenwäldchen. Ich gehe auf das Haus zu. Eine Frau und ein Hund – ein Irish Setter wie aus der Pedigree-Werbung – laufen auf mich zu. Sie wissen gar nicht, wohin mit ihrer Freude. Kurz Zeit später sitzen wir vor dem

Kamin, ich kraule dem Setter den Kopf, der der Frau liegt in meinem Schoß. Der Hund riecht streng, als wäre er heute schon im See gewesen und nicht ganz trocken geworden. Er hat sich in Dörte verwandelt. Ein Slogan wird eingeblendet: »Jetzt neu! Hundeparfum ›Der General‹ – und das nasse Fell kann kommen.«

Der gesamte Film läuft innerhalb weniger Sekunden ab. Meine Hand umklammert dabei Milenas Toilettentürschlüssel in meiner Hosentasche. Der Gegenstand gibt mir Halt.

Als ich die Augen öffne, befindet sie sich auf dem Weg nach oben und blickt beleidigt durch das offene Treppenhaus auf mich herab. Sie wirft den Kopf stolz nach hinten, schüttelt ihn hin und her, bis die langen Haare richtig liegen.

Ich muss Milena loswerden! Der Gedanke taucht zum ersten Mal auf, er erschreckt mich. Wenn der Toilettentürschlüssel nicht so stabil wäre, müsste ich mir nun über die Rückgabe desselben keine Gedanken mehr machen, da er verbogen oder zerbrochen wäre.

Ich kann ihr doch jetzt in dieser Gemengelage nicht kündigen. Ich darf jetzt nicht kneifen. Ich muss mich der Situation stellen, sonst bleibt eine unheilbare Wunde zurück. Für mich und für den Laden, das Team. Erst verführt der Chef seine treue Mitarbeiterin, und kurz darauf schmeißt er sie einfach raus, nur weil er nicht Manns genug ist, sich sauber von ihr zu trennen.

»Eine Teamsitzung?«, fragt Magnus. »Das ist eine absolut gute Idee. Da können dann alle mal sagen, was gut und was nicht so gut läuft hier.«

Magnus blickt mich an, Augenbrauen und Mund hochgezogen. Wenn er nicht so schwedisch-wohlgenährt wäre, sähe er Stan Laurel ähnlich. Eingerahmt ist er von Aurinia, die ihren Kopf auf seine Schulter lehnt, und dem Porno-Cutter, der sich gerade Süßstoff nachlädt. Beide nicken zustimmend. Ich beschließe die Teamsitzung ohne Aurinia und Howard abzuhalten, unter Ausschluss der Öffentlichkeit.

Shanti kommt aus der Küche, das Schnitzel wie eine Monstranz vor sich hertragend. Es duftet deftig, lecker. Der Geruch macht Appetit.

»Bitte schön! Das erste Schnitzel, das wir verkaufen. Voilà!«

Er stellt den Teller vor dem BSR-Mitarbeiter auf den Tresen. Der legt missmutig das Magazin beiseite, in dem er geblättert hatte.

»Deshalb hat es so lange gedauert! Und eigentlich wollte ich es zum Mitnehmen, nicht für hier.«

Der Mann hatte das bei seiner Bestellung ganz sicher nicht erwähnt. Zum Glück ist Milena nicht im Tresen, sonst hätte sich der BSR-Gast nun wohl ein kleine Belehrung über korrekte und stringente Bestellaufgabe abholen dürfen. Ich spüre Shantis Enttäuschung, so hatte er sich seine erste Schnitzelauslieferung nicht vorgestellt.

»Kein Problem«, sage ich. »Wir können das gerne alles auch einpacken.«

Ich streiche Shanti über den Rücken, um ihn zu trösten.

Der BSR-Mitarbeiter will das Gericht so, wie es ist, mit in sein Auto nehmen, denn das parkt direkt vor unserer Küche. Dann will er alles wieder zurückbringen. Damit sind Shanti und ich einverstanden. Der kurze Aufenthalt in der Gaststätte hat ihn wohl abgeschreckt. Er greift sich eine Serviette und geht mit dem Gedeck nach draußen.

Ich höre, dass der Speisenfahrstuhl in Gang gesetzt wird, das bedeutet, Milena kommt zurück. Ich folge Shanti in die Küche, dort gibt es sicherlich etwas zu tun für mich. Durch das Küchenfenster sehen wir den BSR-Mitarbeiter in seinem BSR-Pritschenwagen sitzen, aus dem hinten Besen und andere Geräte herausschauen. Er kaut lustvoll mit offenem Mund, blickt sich zu uns um und hebt anerkennend den Daumen. Shantis Tag ist gerettet, eine Sorge weniger.

Auf der anderen Straßenseite entdecke ich Corry, mit zwei Kolleginnen, sie zeigt auf die Hochstühle und wartet darauf, dass die Ampel grün wird. Dieser Anblick erzeugt in mir akute Fluchtimpulse. Ich habe nun erst mal genug gebüßt. Die Lüge, die ich Corry aufgetischt habe, kann ich immer noch irgendwann aufklären, das muss nicht heute sein.

Ich verstecke mich im Lüftungsraum. Den Hauptschalter der Lüftungsanlage stelle ich auf ›AUS‹. Es muss jetzt mal ein paar Minuten ohne Frischluft im Gastraum gehen. Ich benötige eine kleine Verschnaufpause, muss die Dinge sortieren, will mir Gedanken zu der anstehenden Teamsitzung machen.

Der große Spieler hat mich schon auf die Rampe des Flipperautomaten gelegt, die Feder spannt sich langsam für einen satten Abschuss. Heute will ich aber nicht die polierte Stahlkugel sei. Ich werde alles tun, um das zu verhindern. Ein wenig Ruhe, die Dinge sortieren, Entscheidungen fällen und danach handeln, das will ich.

Jemand klopft an die Tür. Milena tritt ein.

19.

MUPPET SHOW

Milena drückt die Tür mit ihrem Rücken zu und bleibt angelehnt stehen. Die Hände hinter dem Körper verschränkt, ein benutztes Glaspoliertuch hält sie in der Hand. Glaspolierhandtücher sind nicht Geschirrhandtücher, das habe ich vom Kundenberater der Wäscheverleihfirma gelernt. Sie sind dünner und fusseln weniger. Perfekt funktionieren sie erst, wenn sie nicht mehr ganz neu sind und einige Male gewaschen wurden.

Das fehlende Dröhnen der Lüftungsanlage macht diesen Ort heimelig. Ich selber bin zu schwach, um irgendeine Form von Initiative zu ergreifen. Auch Milena ist erschöpft. Auch sie hatte wenig Schlaf und viel Alkohol in der letzten Nacht.

Das Café ist eine große Theaterbühne, und wir zwei sind abgehalfterte Schauspieler, die sich zwischen zwei Szenen auf der Rückbühne hinter dem Vorhang erholen und ihren wahren Zustand zeigen dürfen. Sie blickt nach unten auf ihre Fußspitzen, die Zehen bewegen sich in den Schuhen. In ihrem Gesicht laufen unterschiedliche Regungen ab. Sie sieht aus wie ein Schauspielroboter, der gerade testweise sein gesamtes Minenspiel-Repertoire durchlaufen lässt, um dann das passende Programm für die nächste Szene auszuwählen. Sie strahlt etwas Hilfloses aus, Retterimpulse erzeugt das in mir. Immer wieder diese Retterimpulse. Sie schenken mir ein Gefühl der Ohnmacht, der Fremdsteuerung.

Ich bin noch betrunkener, als ich mir eingestehe. Ich habe keine Ahnung, was jetzt kommen wird. Aber meine Erschöpfung hat ein Ausmaß erreicht, das mir eine resignierende Gelassenheit schenkt.

Entweder lädt sie sich für einen großen Angriff auf, oder sie bricht gleich weinend in meinen Armen zusammen. Sie verprügelt mich oder fällt leidenschaftlich über mich her. Sie will Teilhaberin werden oder kündigen. Sie gesteht mir ihre Liebe oder benötigt eine Rolle Ein-Euro-Stücke. Ich jedenfalls werde das Feuer nicht eröffnen.

»Das mit der Bewerberin tut mir leid«, sagt sie sanft und versöhnlich.

Das war eine glasklar formulierte Entschuldigung!

»Du hattest mir doch heute morgen gesagt, dass wir so tun sollen, als ob nichts geschehen sei. Ich wusste dann gar nicht, wie ich mich richtig verhalten soll. Und so konnte ich nicht einschätzen, was angemessen ist und was nicht. Ich dachte, ok, bloß kein Aufsehen erregen. Wenn ich dir gesagt hätte, dass du die Bewerberin nicht vergessen sollst, dann hätte doch jeder mitbekommen, wie vertraut wir miteinander sind. Außerdem willst du sie ja vielleicht auch einfach ein bisschen zappeln lassen?«

Milenaverwirrung. Warum sollte ich die Bewerberin zappeln lassen? Meint sie sich damit selber, findet sie, ich ließe sie zappeln? Warum sollte irgendjemand denken, dass wir die letzte Nacht gemeinsam in einem Bett verbracht haben, nur weil sie mir sagt, dass die Bewerberin am Tresen sitzt? Milena hat ihren eigenen Wertekanon, mutwillige Boshaftigkeit kann ich nicht feststellen. Immerhin befreit mich ihr versöhnlicher Ton von einem großen Teil meiner akuten Schuldgefühle. Ohne Milenas Aussagen, die ihrer eigenen Logik folgen, nachvollziehen zu können, freue ich mich über ein Stückchen Normalität.

»Setz dich doch.« Ich rücke den Besucherstuhl links neben der Tür für sie zurecht, sie nimmt das Angebot an.

»Schau mal«, sagt sie vertraut, das Glaspoliertuch nun auf den Knien, »bei der Geschichte mit dem Zeitungsausschnitt, da habe ich dich doch auch gedeckt. So hattest du das doch gemeint, oder?«

Genau bei dieser Geschichte hatte ich vielmehr das Gefühl, dass Milena mir ihre neugewonnene Macht demonstrieren wollte, nicht dass sie mich schützen und decken wollte. Meiner Einschätzung nach hat sie den Joker an dieser Stelle nur nicht ausgespielt, um ihn weiter auf der Hand halten zu können.

Unterstelle ich den Menschen stets böse Absichten und hege diese doch nur im tiefsten Innern selbst? Das Schuldtöpfchen ist nun wieder prall gefüllt. Ich lüge und verstricke doch auch, ohne dabei Böses zu wollen.

Ob Milena böse Absichten hegt oder nicht, das Ergebnis bleibt das gleiche. Ihr Spiel mit dem geheimen Wissen und der Macht findet in meiner Wahrnehmung statt, also ist es auch real. Aber darüber will ich morgen nachdenken, wenn ich wieder gesund bin. Ich ahne, dass ich meine Realität leben sollte und nicht die meiner Mitarbeiter.

»Schwamm drüber. Ist ja alles noch mal gutgegangen.«

Ich räuspere mich, meine Stimme klingt noch tiefer und noch belegter als zuvor. Milena lässt sich erlöst auf den Stuhl zurückfallen, ihr Kopf bewegt sich dabei sehr nah an einem Lüftungskanal vorbei.

»Ich muss dir noch einen zweiten Diebstahl gestehen, neben der ausgerissenen Seite: Zwei Aspirintabletten habe ich mir genommen, als du Frühstück holen warst.«

Das Wort ›Aspirin‹ auszusprechen tut gut, und die Wirkung der Acetylsalicylsäure entfaltet in dem Moment gänzlich seine wohltuende Wirkung in meinem Kopf.

Milena fühlt sich wieder sicher und schaltet auf Angriff um. »Du kennst dich ja schon gut aus bei mir zu Hause!« Ohne Not wird sie den Joker nicht aus der Hand geben. »Na ja, wollen wir das mal als einmaligen Ausrutscher betrachten, Chef!«

Das ist das erste Mal, dass sie ›Chef‹ zu mir sagt. Das Wort tut weh. Der große Spieler scheint sie zu beraten, die Feder spannt sich. Den schwierigsten Part habe ich noch vor mir.

»Ich habe noch etwas aus deiner Wohnung mitgenommen.«

Ich greife in meine Hosentasche, der Toilettentürschlüssel hat sich im Futter verhakt, ich muss aufstehen, mit eingezogenem Kopf, um ihn herauszuholen, es sieht sicherlich sehr ungelenk aus. Milena macht ein Gesicht, als würde ich meine Hose öffnen wollen. Ich benötige beide Hände, um den Schlüssel zu befreien.

»Da, den muss ich dir noch zurückgeben.«

Den habe ich unbewusst als Trophäe mitgenommen, und mit ihm gebe ich dir dein Herz zurück, denke ich. Ich muss dringend nüchtern werden.

»Den habe ich aus Versehen mitgenommen.«

Ich halte den Schlüssel hoch, damit sie ihn gut erkennen kann, wackele damit hin und her, als wollte ich einen Hund scharf auf das Stöckchen machen, und reiche ihn zu ihr hinüber. Sie umfasst das freie Ende des Schlüssels, unsere Fingerspitzen berühren sich.

»Hattest du mittlerweile Zeit, über meine Gehaltserhöhung nachzudenken?«, fragt sie, süffisant lächelnd, ohne den Schlüssel vollends anzunehmen.

Die Tür fliegt auf. Magnus steckt den Kopf herein.

»Hast du Milena gesehen? Da unten ist absolut was los!«

Sein Blick fällt auf den Schlüssel, der noch immer von mir

und Milena gehalten wird. Das Aufstoßen der Tür hat uns in dieser Pose einfrieren lassen.

Magnus kann durch die halbgeöffnete Tür nur mich, den Schlüssel und Milenas Hand sehen. Er runzelt die Stirn, er fokussiert den Schlüssel, sein Blick sagt mir, dass ihm dieser Schlüssel nicht unbekannt ist. Ich kann ihn nicht loslassen, ich würde es als feige und illoyal empfinden, Milena will ich nicht noch mehr verletzen, als schon geschehen.

Ich blicke auf den Schlüssel, um zu erkennen, was Magnus sieht. Der Schlüssel ist noch größer geworden, als er vorhin in meiner Hosentasche war. Das ist der größte Außenkloschlüssel, der je hergestellt wurde. Wie groß muss erst das dazugehörige Klo sein? Das ist mir heute Morgen gar nicht aufgefallen. Wie im Theater die Requisiten übergroß sind, damit sie auch in der letzten Reihe noch zu erkennen sind, so scheint dieser Schlüssel sich mit Brisanz aufzublasen, bis auch der letzte Kollege erkennt, was hier los ist. Aber es ist doch nur ein Schlüssel, das beweist doch nichts.

Magnus steckt den Kopf vollends in das Lüftungsbüro, um zu sehen, wer zu der anderen Hand, die den Schlüssel hält, gehört. Milena kauert erschrocken auf ihrem Stuhl.

»Wir … wir bereiten gerade die Teamsitzung vor.«

Eine unglaubwürdige Ausrede, etwas Besseres fällt mir nicht ein, ich bin wehrlos, lege mich auf den Rücken und winsele.

»Aha!« Magnus wirft seinen Kopf kampfeslustig zurück. »Und die wollt ihr auf Milenas Toilette abhalten, oder wie?«

»Ich bitte dich, Magnus, das ist doch jetzt …«

»Also, bei der Typ Vorbereitung für ein Teamsitzung möchte ich absolut teilnehmen. Aber jetzt ist nicht gute Zeit dafür. Kommt mit, da unten ist Attacke!«

Er klopft mir versöhnlich, aber auch überlegen auf die Schulter und geht kräftigen Schrittes hinaus.

Milena und ich halten den Schlüssel noch immer. Als wären wir inmitten einer wichtigen Zeremonie gestört worden. An die Muppet Show muss ich denken: ›Noch eine Minute bis zu Ihrem Auftritt.‹ Ich lächele Milena an, sie spitzt den Mund, als wolle sie pfeifen, und zieht die Luft geräuschvoll ein, ihre angehobenen Augenbrauen zittern.

Wenigstens weiß ich jetzt, mit wem ich eine Affäre pflege. Das gesamte Team dürfte in wenigen Minuten davon Kenntnis erlangen, aber wahrscheinlich wissen meine Mitarbeiter schon viel länger als ich, mit wem ich was am Laufen habe.

Ich schiebe den Schlüssel ein wenig in Milenas Richtung. Plötzlich fühle ich Angst, dass sie ihn gar nicht wiederhaben will. Vielleicht hat sie einen Zweitschlüssel und will mir diesen als Leihgabe überlassen. Vielleicht muss sie nie auf Toilette gehen und benötigt ihn gar nicht.

Der Widerstand und der Schlüssel verschwinden in Milenas Faust. Sie wirft sich das Glaspoliertuch über die Schulter: »Na dann, auf ins Getümmel!«

Als wir die Treppe gemeinsam hinuntergehen, um Magnus zu folgen, blickt uns eine schöne Gastschlange an. Wenn Milena und ich uns auf dem Treppenabsatz Hand in Hand verbeugen und zu unserem Publikum hinabwinken würden und dieses anfinge zu klatschen, wäre das passend zu der Stimmung, die uns umgibt. Milena klatscht selber beim Hinuntergehen in die Hände, so wie sie es immer tut, kurz bevor sie bedient.

Ich habe es fertiggebracht, mich mit meinen wichtigsten Mitarbeitern so zu verstricken, dass ich ihnen ausgeliefert bin. Mein Schicksal hängt von ihrem Wohlwollen ab. Ich habe jedes Recht verspielt, Regeln aufzustellen. Zumindest Regeln, die das Miteinander von Mann und Frau in meinem Unternehmen bestimmen könnten.

Gegen Magnus bin ich immer noch ein Waisenknabe. Ich beginne im Kopf eine Liste anzufertigen mit seinen möglichen Sexualpartnerinnen, die Mitarbeiterinnen meines Cafés sind oder aus dessen Umfeld stammen. Ich beschließe, auch meinem Zustand geschuldet, dass es einfacher ist, eine Liste mit den Personen zu erstellen, mit denen Magnus noch keinen körperlichen Kontakt pflegte. Trotzdem befinde ich mich in keiner günstigen Position, um eine klärende Unterredung mit ihm abzuhalten.

Die Symptome meines Katers haben sich in den letzten Minuten erheblich gelindert. Das bedeutet, es muss langsam Nachmittag werden.

Der Himmel über dem Rosenthaler Platz hängt tief und grau. Wind und Regen treiben Blätter an den Fenstern vorbei. Sie müssen von den Platanen des Garnisonsfriedhofs kommen. Kein anderer Ort in der Nähe des Cafés will mir einfallen, an dem sich Bäume befinden.

20.

HERR REINHARDTS

Völlig erschöpft und immer noch verkatert stehe ich vor einer verschlossenen Kabinentür in der Herrenabteilung der sanitären Anlagen meines Cafés. Eigentlich wäre ich jetzt schon so gut wie zu Hause, hätte Milena mich nicht noch einmal zurückgepfiffen. Nach der Schlüsselübergabe im Lüftungsraum hatten wir alle viel zu tun. Das Café war gut besucht, es bildeten sich immer wieder Schlangen am Tresen. Magnus und Milena bedienten die Gäste, während ich Geschirr spülte und Waren in den Tresen nachlagerte. Bis ich bemerkte, dass ich so erschöpft war, dass ich kaum noch eine Flasche tragen konnte. Ich beschloss, dass nichts auf dieser Welt mich davon abbrächte, diesen Katertag zu beenden und nun endlich, jetzt sofort, nach Hause zu fahren.

Neben meiner Erschöpfung hatte sich auch ein kleiner Schock breitgemacht. Denn wieder wurde ich gewahr, wie viel gastronomische Arbeit noch vor mir lag. Erst wenn die Mitarbeiter und die Strukturen durch höheres Gastaufkommen gefordert werden, erkennt man die Defizite.

Milena kochte nicht Kaffee vor, diesmal veranstaltete sie die Vorsorge beim Fassbier. Sie zapfte zehn Biere halb an, und wenn dann später die Bestellung kam, zapfte sie die Getränke fertig. Wenn zu viel Schaum im Glas war, schabte und löffelte sie ihn mit einem Kuchenheber aus dem Bierglas. Magnus kassierte ständig zu geringe Preise ab, und Shanti gab Suppenportionen aus, die auf Raststätten als Fernfahrerteller kategorisiert worden wären. Zudem verbrannte er sich mehrmals. Immer wieder drang ein markerschütternder Schrei aus der Küche, der die anderen Mitarbeiter in die Küche lockte. Einiges Geschirr ging zu Bruch. Das Scheppern und Klirren der zerberstenden Gegenstände war wie der sehr langsame Rhythmus des Trommlers auf einer Sklavengaleere. Jedes Mal erschien der Preis der zerstörten Gegenstände in der Luft vor meinen Augen.

Ich kleidete mich an, es war kalt geworden, und kroch zur Verabschiedung an den Tresen.

»Einen kleinen Job musst du noch erledigen, bevor du Feierabend machen darfst, Chef.«

»Egal, was es ist, ich mache es morgen!«, sagte ich bestimmt.

»Diese Sache lässt sich nicht aufschieben. Eine der Kabinen in der Herrentoilette ist wieder verschlossen, schon seit ziemlich langer Zeit. Du hattest uns versprochen, dich selber um so etwas zu kümmern. Sonst haben wir gleich wieder Ärger mit einem Junkie am Hals, wenn du weg bist. Komm, das dauert doch auch nicht lange.«

Milena kannte keine Gnade, sie lächelte mich verführerisch an. Seit dem Gespräch im Lüftungsbüro hatte sie sich ganz normal verhalten und auch mit Magnus gut zusammengearbeitet. Wäre ich nicht so erschöpft gewesen, hätte ich mich freuen können, über Milenas gute Laune und darüber, dass der Laden langsam besser lief. Die Zwillinge hatten das Warten in der Schlange allerdings abgebrochen.

»Hier is mir heut zu viel los, Chef. Dit hält ja keene Sau aus, son Trubel.«

Wieder funktionierten sie wie Bioindikatoren. Ich muss

mich entscheiden, welche Art Biotop ich erschaffen möchte, ein ruhiges, beschauliches, in dem sich die sensibelsten und scheuesten Vögel wohlfühlen, oder ein lebendiges, vibrierendes, in dem sich allerlei Getier tummelt, auch wenn der eine oder andere Artgenosse davon verschreckt wird.

Milena wollte ich heute nicht unnötig reizen, deshalb trat ich seufzend den Gang nach oben an.

In der Hoffnung, wieder nur ein Missverständnis und keinen Junkie vorzufinden, klopfe ich müde, fast schon zaghaft an die Tür der Kabine und drohe mechanisch mit der Polizei.

Die Kabinentür wird unvermittelt aufgerissen und ein drogenabhängiger Mensch steht vor mir. Vermutlich befindet sich ein Cocktail aus Amphetaminen, Cannabis, Crack und Alkohol in seinem Blut. Zumindest sind das die Substanzen, die ich in der Kürze der Zeit aus seinem Atem extrahieren kann.

Als er mich wutentbrannt und mit erhobener Stimme auf seine menschlichen Grundrechte hinweisen will und ich schon bereue, ihn überhaupt bei seinem Geschäft gestört zu haben, nein, es plötzlich sogar in Ordnung finde, dass die Drogenabhängigen nun mal die schönen Toiletten des Cafés benutzen – ist doch ok, wo sollen die denn sonst hin, im Golden Gate kräht doch auch kein Hahn danach, was auf den Toiletten geschieht, und der Laden läuft super –, gleitet sein Blick von meinen Augen ab und richtet sich etwas höher, auf meine Stirn. Er tritt einen Schritt zurück, und all seine Wut ist wie weggeblasen.

»Ey, Alter, wer bist du denn eigentlich?«

Ich benutze ab und an einen Fahrradhelm, der eigentlich ein Skateboardhelm ist, und den einige als futuristisch oder auch militärisch beschreiben würden. Eben diesen Helm hatte ich bereits aufgesetzt, das fällt mir jetzt erst wieder ein.

»Ich bin der Betreiber dieses Etablissements«, antworte ich ungelenk.

Den Körper des Drogenabhängigen durchdringt eine wachsende Spannung. Wir stehen viel zu dicht beieinander. Der Raum vor den Kabinen ist klein und beheimatet zudem auch noch vier Pissoirs. An diesem Punkt bereue ich endgültig und von tiefstem Herzen, Milenas Forderung nachgegeben zu haben. Ich rechne mit dem Schlimmsten, stelle mich auf eine körperliche Auseinandersetzung ein, zum Glück trage ich einen Helm, da kann es nicht ganz so böse werden. Im Kopf unter dem Helm plane ich hektisch meine Flucht.

Er schlägt die Hacken zusammen und salutiert.

»Reinhardts! Siebenundzwanzigstes Infanterieregiment meldet sich gehorsamst zum Dienst«, brüllt er. Dabei schießt sein Unterkiefer bei jedem Vokal merkwürdig hervor, und er verliert das ein oder andere Speichelmolekül an die Luft in diesem kleinen Toilettenraum, in dem ich der fliegenden Flüssigkeit nicht ausweichen kann. Dann passiert nichts mehr. Er steht schnurgerade vor mir, hält den gesamten Körper unter Spannung und die Hand zum militärischen Gruß an die Schläfe. Sein Blick leer, durch mich hindurchgehend. Wie ein Roboter, der auf weitere Anweisungen wartet.

»Achtung!«, brülle ich zurück. »Stillgestanden und abtreten!«

Herr Reinhardts schlägt noch einmal die Hacken aneinander, nimmt den Arm herunter, nickt mir respektvoll zu und verlässt die sanitären Anlagen.

Die Eingangstür der Toilette hält er höflich auf und wartet, dass ich das Angebot annehme, dabei starrt er geradeaus. Ich zögere kurz und entscheide dann, dass es das Beste sei, das Spiel nun auch zu Ende zu bringen.

Er sieht nicht aus wie ein Drogenabhängiger. Seine unauffällige Kleidung, schwarze Jeans, Heavy-Metal-T-Shirt und

Motorradlederjacke, duftet nach Weichspüler. Noch recht jung, dafür, dass er bereits eine Militärausbildung hinter sich hat.

Als ich an ihm vorbeigehe, sehe ich unter den kurz geschorenen Haaren eine Totenkopftätowierung. Ich will ihn nicht hinter mir haben, deshalb trete ich einen Schritt beiseite. »Bitte, nach Ihnen!«, sage ich freundlich. Auch diesen Vorschlag befolgt er.

Milena wirft mir anerkennende Blicke zu, als Herr Reinhardts vor mir im Stechschritt die Treppe hinuntergeht. Ohne weiteren Ärger zu verursachen, verlässt er das Lokal. Sie kommt aus dem Tresen, greift mich am Oberarm und begleitet mich sehr zufrieden zu meinem Fahrrad.

»Dem hast du es aber gezeigt. Deinen Feierabend hast du dir nun wirklich verdient.«

Ich kann nichts sagen, öffne wortlos das Fahrradschloss. Milena streicht mir über den Helm. »Ruh dich einfach ein bisschen aus. Morgen sieht die Welt schon wieder ganz anders aus.«

Ich blicke mich um, während ich warte, dass die Ampel auf Grün schaltet. Milena steht vor dem Café und lächelt, sie winkt mit ihrem Glaspoliertuch. Etwas weiter hinten sitzt Magnus rauchend vor dem Café, sehr nah bei Kaja. Schön, dass Kaja auch Anschluss an das Team findet. Ich werde das Fahrrad den Weinbergsweg hinaufschieben, zum Fahren fehlt mir die Kraft.

Herr Reinhardts hat auf alte, tief eingeschliffene Hierarchien reagiert. Das funktionierte mühelos, sogar in dieser Ausnahmesituation. Deshalb hat das Militär die Rangfolge erfunden. In jeder Situation ist klar, wer das Sagen und wer was zu tun hat. Drogenabhängige befinden sich im permanenten

Ausnahmezustand, innerlich im Kriegszustand mit sich selber.

Dieses Mal habe ich meine Aggression passend kontrolliert und gewinnbringend für alle Beteiligten eingesetzt. Bei Herrn Reinhardts konnte ich etwas wie Erlösung bemerken, als die alten militärischen Strukturen wieder an ihn herangetragen wurden. Das Militär hat die Hierarchien nicht erfunden, sondern sie sich bei der Natur abgeschaut. Wieso denke ich, dass ich, wider die Grundsätze der Natur, eine Rotte ohne Hierarchie leiten könne? Der unternehmerische Alltag beweist mir ständig das Gegenteil. Mein Unternehmen führt auch innerlich Krieg, und ich bin der Dealer, der immer wieder die Droge besorgt.

Die Teamsitzung wird eine gute Gelegenheit sein, um das Thema aufzugreifen und wunderschöne klassische Befehlsketten aufzubauen. Leider war ich nie beim Militär. Ich werde Florian um Rat fragen, der hat es sogar zu einem Obergefreitentitel gebracht. Vor allem kennt er auch die klassischen Strukturen in erwachsenen, echten Unternehmen.

Heiseres, mir wohlbekanntes Gelächter schallt aus dem Weinbergspark herüber. Da sitzen Fred und der General, eingewickelt in alte Decken, mit Bierflaschen in der Hand. Zwei Frauen sind bei ihnen, sie folgen gebannt ihren Erzählungen. Vermutlich geht es auch um ihren Feldzug des gestrigen Tages.

Viele Blätter liegen schon auf dem Bürgersteig. An den Weinbergspark hatte ich gar nicht gedacht, als ich mich fragte, woher die Blätter am Rosenthaler Platz kommen könnten.

Ich erwische mich bei dem Versuch, nicht auf die Fugen zwischen den Platten des Bürgersteiges zu treten. So, wie ich es früher als Schulkind immer gemacht habe. Wenn ich den gesamten Schulweg ohne Fugenberührung hinter mich brächte, wenn ich das schaffte, so käme großes Glück über mich, glaubte ich damals.

Heute glaube ich es wohl immer noch, zumindest glaubt es ein Teil von mir.

21.

PREMIUM-SPOT

Ich will die Teamsitzung mit einem sehr positiven Thema beginnen. Mit dem Wiener Schnitzel. Das ist der Topseller unserer neueingeführten Mittagsangebote. Daran tragen wir alle unseren Anteil. Vielen Dank dafür.«

Diesen Einstieg hatte ich mir vorher gründlich zurechtgelegt. Ich will die Teamsitzung am Anfang und am Ende mit etwas Erfreulichem einrahmen. Das Schnitzel ist heute Mittag, eine Woche nach meiner Militärerfahrung mit dem Gefreiten Reinhardts, zum zweiten Mal auf der Tageskarte gewesen und lief noch besser als in der ersten Woche. Ausverkauft, alle zwölf Schnitzel. Nächste Woche werde ich noch mehr besorgen.

Ich halte die Teamsitzung im Keller ab, oben im Gastraum ist es mir zu öffentlich. An der Stelle, an der Aurinia die Geistaustreibung vorgenommen hat. Es ist die einzige etwas größere freie Fläche, die es im Keller gibt. Sie zieht Versammlungen automatisch an. Wir sitzen auf Stühlen im Kreis. Links neben mir Dolores, rechts von mir Kaja und Claire. Gegenüber hat sich Milena postiert, sie ist umsäumt von Magnus und Shanti, die beide eine Flasche Bier in der Hand halten und sich vor Milenas Gesicht zuprosten, als ich das Schnitzel erwähne. Magnus sitzt sehr nah bei Milena, deutlich näher als Shanti.

Nach den Erfahrungen der letzten Wochen und Tage stand ich kurz davor, in meinem Unternehmen umfassendere Reformen anzugehen als Bismarck beim preußischen Staat. Am liebsten hätte ich die Torstraße wieder in Elsaß-Lothringen umbenannt. Glücklicherweise fragte ich Florian um Rat, der meine Pläne beschnitt und mich zügelte. Er befand, dass der Ansatz meiner Unternehmensführung genau richtig sei, meine Aufgabe sei es, die Grundstruktur exakt zu definieren und zu schärfen, damit die Mitarbeiter überhaupt wüssten, was erlaubt sei und was nicht. Nicht die Idee sei falsch, sondern die Umsetzung.

»Erklär ihnen alles noch mal ganz deutlich und mach ihnen klar, dass sie es in der Hand haben, ob sich die Regeln verschärfen oder nicht. Dafür ist die Teamsitzung doch perfekt geeignet. Soll ich mitkommen?«

Florians Angebot lehnte ich ab. Das hätte meine Restautorität endgültig vernichtet.

Ich war froh, nicht Grundlegendes verändern zu müssen, und freute mich dank Florians Intervention wieder über meinen unternehmerischen Ansatz, den ich nun verbessern und optimieren wollte.

»Ja, das ist aber auch absolut so lecker, das Wiener Schnitzel«, sagt Magnus. Die anderen in der Runde nicken. Alle haben das Schnitzel wohl schon gekostet. Ich nicht.

»Habt ihr denn alle das Schnitzel schon gekostet?«

Sie stimmen zu und freuen sich schon auf den nächsten Dienstag, an dem wieder Schnitzeltag sein wird. Mir wird klar, dass der größte Teil der Schnitzel nicht in den Verkauf und damit in den Umsatz gegangen ist, sondern in meine Mitarbeiter. Bevor sich unkontrollierte Wut in mir ausbreiten kann, fallen mir Florians Worte ein. Ich bin davon ausgegangen, dass eigentlich klar sein müsste, dass gerade das

Kalbsschnitzel nicht verzehrt werden soll, erstens, damit es verkauft werden kann, und zweitens, weil es teuer im Einkauf ist. Aber gesagt hatte ich das nicht, deshalb will ich es jetzt klarstellen. Woher sollen sie es auch wissen.

»Ihr dürft während eurer Arbeitszeit Speisen verzehren, aber bitte nicht das Schnitzel, und auch nicht die Tagesgerichte. Die bereiten viel Arbeit in der Herstellung und sind teuer im Einkauf. Außerdem kann ich sonst gar nicht einschätzen, welches Produkt läuft und welches nicht.«

Alle sind erstaunt. Milena ergreift das Wort.

»Aber für uns ist eine Abwechslung auch mal schön, immer nur Sandwichs und Salate kann man ja irgendwann nicht mehr sehen.«

»Das verstehe ich, aber so soll es bitte den Gästen gehen und nicht euch. Ich selber esse ja auch keine Tagesgerichte, aus genau diesem Grund.«

»Solltest du mal machen, die schmecken alle sehr gut«, sagt Shanti beleidigt. Ich beruhige ihn und formuliere die Regel noch mal ausdrücklich, sie wird mit Murren und Meckern quittiert.

Florian hatte auch bei allen anderen Punkten, die ich im Verlauf der Teamsitzung kläre, recht. Die Mitarbeiter zeigen sich teilweise kindlich erstaunt über meine Hinweise.

»Wenn ihr zu spät kommt, müsst ihr anrufen, damit klar ist, dass ihr die Schicht nicht vergessen habt.«

»Die Idee ist super!«, freut sich Milena. Ich denke, sie hat meine Aussage falsch interpretiert.

»Damit will ich aber nicht sagen, dass Zuspätkommen in Ordnung ist. Am besten wäre es, wenn ihr einfach pünktlich kommt, dann benötigen wir diese Regel gar nicht.«

»Das kann doch mal passieren. Es ist doch meist so wenig los, dass es gar nichts ausmacht. Du bist ja auch nicht immer pünktlich«, wirft Shanti trotzig ein.

»Aber wenn ich etwas später als angekündigt komme, denkt doch niemand, dass ich meine Schicht vergessen habe, oder?«

Shanti stimmt knurrend zu. Ich habe mich ruhig und bestimmt durchgesetzt. Es läuft ganz gut.

»Ist es ok, wenn ich hier eine rauche?« Shanti hält eine selbstgedrehte Zigarette in die Höhe.

Es fällt mir schwer, dies zu verneinen, habe ich ihn doch gerade erst frustriert. Aber ich spreche ein Rauchverbot für den Keller aus.

Shanti hat keine Lust mehr auf die Teamsitzung, vor allem nicht, wenn er nicht rauchen darf. Er holt für sich und Magnus noch mal Bier.

Magnus flüstert Milena zum wiederholten Male etwas ins Ohr, etwas, das Milena zu leisem Kichern veranlasst, dabei hält sie sich eine Hand vor den Mund. Ich verspüre Lust zu sagen: ›Lass uns doch alle an deinen Späßen teilhaben‹, wie ein Lehrer in der Schule. Genau so fühle ich mich. Jetzt habe ich auch noch Disziplinprobleme während des Unterrichts. Auf dem Zeugnis wird stehen: Magnus kann sich nicht über längere Phasen konzentriert am Unterricht beteiligen.

Die Teamsitzung kostet mich Kraft. Meine Drohung, herkömmliche Strukturen einzuführen, will ich nicht mehr aussprechen. Ich denke, die Sitzung wird auch so ausreichende Effekte erzielen, außerdem ist die Stimmung mittlerweile gereizt und angespannt. Die Luft im Keller ist verbraucht.

Ich erfahre, dass die Hochstühle sich großer Beliebtheit erfreuen. Vor allem bei Kindern. Neulich saßen allerdings zwei Betrunkene darauf, ihr Schwanken übertrug sich bedrohlich auf die Hochstühle. Ich notiere mir, dass ich Klamotte den Auftrag zur Befestigung an der Hauswand erteilen muss. Magnus schenkt mir die Hochstühle offiziell, unter der Bedingung, dass er sie während der Zeit seiner Filmproduktion als Regiestuhl leihen darf.

Bei dem positiven Thema, mit dem ich die Sitzung beschließen will, kommt mir Shanti zuvor.

»Also eins muss man ja mal sagen. Dass du die Aurinia gegen unseren Hausgeist eingesetzt hast, war eine richtig gute Idee.«

Vielleicht ist es sogar besser, als wenn ich selber das Thema angeschnitten hätte.

»Das freut mich. Dolores, seitdem ist ja auch nichts mehr vorgefallen, oder?«

Dolores habe ich fast völlig vergessen. Sie ist ganz klein geworden und hockt traurig auf ihrem Stuhl. Zu Beginn der Sitzung war sie munter und froh, ihre Veränderung ist mir nicht aufgefallen.

»Was hast du denn? Ist doch noch mal etwas geschehen?«, frage ich sie erschrocken. Sie schüttelt den Kopf.

Florian kommt die Kellertreppe hinabgaloppiert und ruft schon von weitem: »Das müsst ihr euch anschauen, das gibt es nicht. Kommt schnell!«

Florian ist meiner Bitte gefolgt, nicht an der Teamsitzung teilzunehmen, war aber nicht davon abzubringen gewesen, völlig unbeteiligt zu bleiben. »Wie ein gutes Totem aus der echten Wirtschaft«, hat er gesagt. Seiner Meinung nach könne er als Totem eine besonders gute Wirkung entfalten, wenn er für die Dauer der Sitzung die Stellung im Tresen hielte, so dass alle Mitarbeiter teilnehmen könnten.

Er kommt ganz zu uns heran, er zögert kurz und sagt mit Blick auf mich: »Oh. Sorry. Ich dachte, ihr wärt längst fertig.«

»Sind wir auch. Die Sitzung ist hiermit geschlossen, Protokoll folgt!«

Egal, was da oben vor sich geht, Florian ist für seine Verhältnisse extrem aufgeregt, und ich erspare mir mit diesem abrupten Ende jede weitere Diskussion. Zumindest für den Moment.

Alle stürmen hinter Florian her nach oben, um zu erfahren, was dort so sehenswert ist. Ganz so, als hätte es gerade zur großen Pause geläutet. Alle außer Dolores, die sich etwas gefangen hat, aber noch immer in der gleichen Position auf dem Stuhl sitzt.

»Ist dir denn die Naziputzfrau noch mal begegnet, Dolores?« Ich nutze die günstige Gelegenheit für ein Einzelgespräch. Ich habe Angst davor, dass die Spukgeschichte doch noch nicht ausgestanden ist, und will das nun endgültig klären. Sie schiebt sich aus ihrer halbliegenden Position nach hinten, indem sie sich mit den Füßen vom Boden abstößt, die diesen gerade so erreichen, und bringt sich so nach und nach in eine aufrechte Sitzhaltung.

»Alles gut, du nicht Sorge machen. Alles sein erledigt. Nix mehr Naziputzfrau, Aurinia alles gut gemacht.«

Ich lächele und lehne mich zurück. Dann kann Dolores ab jetzt auch wieder ohne Shantis Anwesenheit putzen, früher beginnen und zur offiziellen Öffnungszeit fertig sein.

»Aber ich eine Bitte. Ich muss eine Monat Urlaub.«

»Einen Monat? So lange? Warum das denn?«

Unwillkürlich beuge ich mich wieder vor. Daran, dass Mitarbeiter auch mal in Urlaub fahren könnten, hatte ich noch gar nicht gedacht.

»Ich muss Krankenhaus gehen.«

»Was hast du denn, was ist denn passiert?«

»Das ist private Sache.«

»Aber du wirst doch von den Ärzten krankgeschrieben, da musst du keinen Urlaub nehmen.«

»Ich lasse machen mir Brust größer.«

Dolores greift mit beiden Händen an ihre Brüste und

schiebt sie nach oben. Ein uralter Trieb in mir zieht meine Augen in das Gebiet unterhalb ihres Halses. So schnell ich kann, schaue ich weg. Ich will mich nicht schon wieder verstricken. Ich weiß gar nicht, wo ich nun hinschauen soll. Dolores' Brüste sind mir nie aufgefallen, auch nicht als besonders klein. Ich schaue Dolores in die Augen.

»Nun gut. Ist das denn so wichtig für dich, oder kann es noch ein wenig warten? Ich müsste zunächst Ersatz für dich finden, und der muss dann eingearbeitet werden.«

»Ist keine Problemo. Magnus hat Idee, dass er machen dann putzen für eine Monat.«

Augenblicklich glaube ich wieder an Gespenster. Jetzt kann auch ich den Spuk erkennen. Und vor allem erkenne ich, dass ich keine fremde Hilfe benötige, um ihn zu bannen. Es gibt keine schlechten Abenteuer, nur schlechte Abenteurer.

»Dolores, vielleicht denkst du noch mal ein paar Wochen in Ruhe nach, bevor du so eine schwere Entscheidung triffst. Dann haben wir auch Zeit, jemanden zu finden. Magnus soll lieber andere Aufgaben übernehmen. Kannst du dir das denn überhaupt leisten, bei deinem kleinen Gehalt?«

Dolores erklärt mir, dass Magnus von einer Klinik in Polen weiß, die außerordentlich günstige Eröffnungsangebote bereithält. Frühbucherrabatte sozusagen. Deshalb lässt sich der Termin auch nicht verschieben. Ich bitte Dolores um ein paar Tage Bedenkzeit, um über ihren Urlaubsantrag zu entscheiden. Sie versteht nicht, wo das Problem liegt, schließlich hat sie doch schon eine Vertretung besorgt, gewährt mir aber einen Entscheidungsaufschub mit dem Hinweis, dass sie, im Falle einer negativ ausfallenden Antwort meinerseits, das In-Betracht-Ziehen einer Kündigung des Arbeitsverhältnisses ihrerseits nicht gänzlich ausschließen könne.

»Du überlegen bis morgen, ok. Aber ich gehen Polen und machen Titten egal.«

Dann bin ich alleine im leeren Klassenraum. Die Luft ist immer noch schlecht, einen Stuhl, der beim Herausstürmen der Kinder in die Hofpause umgefallen war, richte ich wieder auf und lasse mich darauf nieder. Ich werde mir meinen Laden zurückholen. Das heute war erst der Anfang.

»Gut, dass du kommst, der Herr dort drüben wartet schon eine ganze Weile auf dich und lässt sich einfach nicht abwimmeln«, empfängt mich Kaja im Tresen. Sie hatte ihre Abendschicht nur kurz für die Teamsitzung unterbrochen. Alle anderen stehen mit Florian draußen und sind nun gleichfalls überaus aufgeregt, soweit ich das erkennen kann.

Kaja deutet mit dem Kinn zu einem der Tische gegenüber des Tresens. Dort sitzt der Handelsvertreter des größten Erfrischungsgetränkeherstellers der Welt und winkt mir bereits fröhlich zu.

Eine gute Gelegenheit, weitere Veränderungen einzuleiten. Ich straffe meinen Rücken und gehe freundlich lächelnd zu ihm hinüber.

»Heute ist Ihr Glückstag!« Er springt hinter dem Tisch hervor und reicht mir die Hand. Verhalten begrüße ich ihn, leider kann ich keine Wut in mir spüren. Jetzt, wo ich sie endlich einmal bewusst wahrnehmen und kanalisieren könnte, lässt sie mich im Stich. Komm schon. Der Typ hat es ausnahmsweise mal verdient. Kannst du nicht ein Mal vorbeischauen, wenn man dich braucht?

»Ich darf Ihnen mit Erlaubnis der Regionalgeschäftsführung mitteilen, dass Sie als Premium-Spot ausgewählt wurden.«

Was immer das bedeuten mag, für den Handelssoldaten ist es etwas ganz Besonderes. Er hat lange auf mich gewartet und weiß nun, dass ich wirklich der Chef bin.

»Damit verfüge ich über gänzlich andere finanzielle Unterstützungsmöglichkeiten als noch bei meinem letzten Besuch.«

Ich entsinne mich an die Greueltaten, die dieser Mensch Milena und mir in meinem Albtraum angetan hat. Da klopft die Aggression an die Tür. Ich rufe freudig: Moment, bin gleich da!

»Was kostet es, damit wir mit unseren Produkten exklusiv hier bei Ihnen vertreten sein dürfen? Ich mache Ihnen einen Vorschlag. Sie schreiben einfach mal eine Zahl auf diesen Zettel hier, und dann sage ich ja oder nein!«

Er strahlt mich feierlich an, schiebt seine aufgeklappte schwarze Ledermappe zu mir herüber. Auf der linken Seite befindet sich ein Katalog mit Werbematerialien, auf der rechten Seite ein DIN-A4-Abrissblock für Notizen. Oben rechts prangt das Logo seines Konzernes. Ein bisschen zu groß und ein wenig zu weit in der Mitte. Er legt einen Kugelschreiber darauf, ebenfalls mit dem Konzernlogo. Und dreht sich gespannt weg.

Ich nehme mir Zeit. Öffne die Tür, lasse meinen neuen Freund Mister Aggro herein und warte ab, was geschieht. Meine Hand schreibt, ich schaue ihr dabei zu. Dann tippt sie dem Herrn auf die Schulter. Der dreht feierlich den Block zu sich um, blickt mir dabei gespielt ängstlich in die Augen und schaut schließlich nach unten.

Ich drehe meinen Kopf, um noch mal lesen zu können, was ich da niedergeschrieben habe:

HAUSVERBOT

Das liest sich gut, und die Botschaft ist klar formuliert, ohne unsachlich zu werden. Fröhlich lache ich den Handelsvertreter an, der regungslos auf das Papier starrt und mit der Höhe meiner Forderung nicht fertig wird.

»Das gilt übrigens ab sofort!«

Ich trete einen Schritt beiseite, um den Weg zur Tür frei zu machen, durch die eben mein Mitarbeitergrüppchen um Florian wieder hereingekommen ist.

»Ich wünsche noch einen schönen Abend und alles Gute.«

Seine gespielte Angst schlägt um in Entrüstung, er räuspert sich.

»Darf ich meinen Café noch austrinken?«

Ich empfinde Mitleid. Er macht ja auch nur seinen Job. Aber ich habe mehrmals versucht, ihm freundlich und nett mitzuteilen, dass ich unter keinen Umständen die Produkte des größten Erfrischungsgetränkeherstellers der Welt in meinem Café verkaufen werde. Was würde als Nächstes kommen, wenn ich nicht energisch Grenzen setzte? Der Versuch, das Haus zu erwerben, um uns mietvertraglich in den Verkauf seiner Produkte zu zwingen?

Ich fühle mich allerdings auch geschmeichelt. Wenn dieser Fachmann die Produkte seines Konzernes um fast jeden Preis im Café platzieren möchte, so kann ich das als Hinweis verstehen, auf dem rechten Weg und nicht völlig verrückt und realitätsfern zu sein.

Ich klopfe ihm aufmunternd auf die Schulter. »Es gibt doch so viele schöne Läden in Berlin, da werden Sie sicherlich noch einen anderen finden.« Damit lasse ich ihn allein und trete an eines der großen Fenster, um zu erkunden, was dort so sehenswert sein soll.

Irgendetwas ist anders als sonst, die Lichtverhältnisse am gesamten Platz haben sich verändert. Am Baugerüst des gegenüberliegenden Hauses hat man im Laufe des Tages große Flutlichtstrahler angebracht, so dass die Fassade nun taghell erleuchtet ist.

Auf dem Gerüst wurde während der Teamsitzung eine

Riesenwerbung entfaltet. Eine Riesenwerbung für einen Riesentelefonanbieter. Zu sehen sind viele Menschen, die in einer Schlange stehen und die sich freuen über die unglaublich guten Produkte des Telefonanbieters. Ganz vorne in der Schlange, in einer Größe von ungefähr sechs mal acht Metern, lächelt mich Milenas Gesicht an. Sie sieht richtig gut aus.

Der Anblick erinnert mich schmerzhaft daran, dass ich Magnus noch immer nicht in die Feinheiten des angemessenen Kontaktes zu Mitarbeiterinnen eingeweiht habe. Das scheint mir nun dringender nötig zu sein denn je, und ich schreite direkt zur Tat.

»Wir müssen noch einmal über Sex mit Kolleginnen sprechen.«

Etwas unwirsch nehme ich Magnus beiseite. Ich bin aufgebrachter, als ich mir eingestehen will. Zu lange habe ich die Angelegenheit vor mir hergeschoben.

»Absolut.« Er grinst mich an, und wir gehen ein paar Schritte weg von den anderen.

»Wir hatten eine Vereinbarung getroffen, an die du dich nicht hältst. Ich hatte dir doch erklärt, dass es nicht in Ordnung ist, mit Kolleginnen zu schlafen, das bringt nur Ärger. Vor allem für mich.«

»Aber ich halte mich absolut an diese Richtung, seit unsere Gespräch. Du bekommst das nicht gut geregelt!« Magnus ist nun auch aufgeregt. Er fühlt sich ungerecht behandelt.

»Egal, wo ich hinschaue, egal mit welcher Mitarbeiterin ich zu tun habe, immer wieder treffe ich auf Konflikte, bei denen dein Sexleben eine Rolle spielt.«

»Aurinia ist doch nicht eine Kollegin von mir.«

»Aurinia ist eine freie Mitarbeiterin, sie macht das nicht umsonst, sie schreibt mir Rechnungen!«

Magnus ist gänzlich verwirrt und schweigt betroffen. Es wird doch wohl in Schweden auch freie Mitarbeiterinnen geben?

»Und Dolores? Die sich für dich die Brüste vergrößern lassen will? Was ist mit ihr?«

Magnus schweigt noch immer und sieht mich fragend an, als überlege er, ob sie mir das wohl auch in Rechnung stellen könne. Er fasst sich gedankenverloren mit beiden Händen an seine Brust.

»Und Milena, und Kaja?«

»Ich versuche einfach nur nett mit denen zu sein. Vielleicht kommst du damit absolut nicht gut aus?«

»Nenn es, wie du willst, nett sein, flirten, grabschen, vögeln. Es ist nicht in Ordnung und schadet dem Laden.«

Er will oder kann nicht verstehen, was ich meine. Das Ergebnis bleibt gleich. Beide sind wir ratlos. Beide spüren wir die Ausweglosigkeit.

»Da sind so viele Missverständnisse, bei dir und bei mir, und bei dir und bei Milena. Ich habe eine absolute Idee. Ich fertige noch den Schichtplan für November und dann sitze ich wieder nur als Gast am Tresen und wir beide sind absolut ok mit in die Augen schauen.«

Das ist ein guter Vorschlag. Mit dem Nachteil verbunden, dass ich mich in sein Sexleben dann nicht mehr einmischen darf. Ich kann nicht sagen, ob dieser Schritt vielleicht doch der falsche ist.

»In Ordnung. Es ist wahrscheinlich besser so.«

Wir schütteln uns nüchtern die Hände, und Magnus geht als Gast zurück zu dem feiernden Grüppchen, das er als Herr des Schichtplanes verlassen hatte, legt einen Arm um Milena und grinst mich über die Schulter an. Vielleicht habe ich wenigstens Dolores Brüste retten können.

22.

SYMBOL UND REALITÄT

Ich freue mich für Milena über ihren Erfolg. Jedoch beschleicht mich eine dunkle Vorahnung. Milena wird nun vollends unkontrollierbar sein, und ich muss ernsthaft eine Trennung in Erwägung ziehen. Wie soll ich in Zukunft konkrete Kritik an ihr üben, während aus wenigen Metern Entfernung ihr überlebensgroßes Abbild zu uns herüberstrahlt? Und wie soll ich mit diesen düsteren Gedanken jetzt unbelastet in die allgemeine Freude mit einstimmen?

Wie ein gleichgepolter Magnet stößt mich das Café ab. Ich gebe dieser Kraft nach und beschließe, dass ich mir ein kräftiges Abendessen im russischen Café Gorki Park, schräg gegenüber im Weinbergsweg, verdient habe. Immerhin habe ich die Teamsitzung konsequent und erfolgreich durchgezogen.

Vor dem Gorki Park steht Klamottes altes Postauto. Klamotte sitzt in der geöffneten Schiebetür und raucht. Er lächelt mich väterlich an. Ich hatte mir bis zu diesem Zeitpunkt nicht bewusst gemacht, dass er auch Kunden in der direkten Nachbarschaft haben könnte. Eifersucht empfinde ich.

»Na, wie war dit mit deiner Sitzung heute jewesen? Jut jeloofen?«, begrüßt er mich unbefangen.

Ich bin überrascht, dass er den Zeitpunkt meiner Teamsitzung kennt. Wir hatten uns einige Tage nicht gesehen, und den Termin hatte ich, wenn überhaupt, dann nur beiläufig erwähnt. Ich spüre seine Fürsorge. Ich berichte ihm kurz und teile ihm mit, dass ich ganz zufrieden bin, aber auch weiß, dass ich noch viel Arbeit vor mir habe, und dass immer, wenn ich denke, große Hürden seien genommen worden, sofort neue große Probleme auftauchten, wie jetzt das Riesenposter.

»Kieck mal mehr ums Eck. Wenn dit Haus erst mal saniert ist, dann wird dit dem janzen Platz jut tun. Son Jespensterhaus jegenüber zu haben, ist ja ne Zeitlang janz hübsch, aber uff Dauer schlecht fürt Jeschäft.«

»Stimmt, daran hatte ich noch gar nicht gedacht. Aber vielleicht verändert es auch den Platz so sehr, dass mein Konzept gar nicht mehr hierherpasst.«

»Nu sei doch nich imma son Hosenschisser. Du hast den Eckladen. Dit alte Aschinger. Der Laden is Chef hier am Platz. Dit is immer jeloofen und wird immer loofen. Du bist doch ooch nich uff da Wurstsuppe nach Berlin jeschwommen. Halt durch. Dit wird schon allet.«

Er wirft seine Zigarette auf den Boden, stellt seinen Fuß darauf, dreht ihn mehrmals im Fünfundvierzig-Grad-Winkel hin und her und schmeißt krachend die Schiebetür zu. Das Gespräch ist damit beendet.

Das Gorki Park ist ein schönes altes Cafés, es ist schon seit einigen Jahren hier am Ende des Weinbergswegs. Man betritt es über einige Stufen, die ins Hochparterre führen. Es ist knarzig und verwinkelt und strahlt tatsächlich etwas Russisches aus. Im Schriftzug sind Hammer und Sichel versteckt, der Zapfhahn gleicht einem Samowar, und an den rot gestrichenen Wänden hängen sozialistische Plakate mit kyrillischer Schrift.

Heute Abend ist hier nicht viel los. Ich werde an meinem kleinen Holztisch schnell bedient. Heringstatar mit Rührei und Räucherlachs bestelle ich, »Schwarzes Meer« heißt das Gericht. Dazu wird Wodka gereicht.

Das Essen schmeckt gut, der Wodka hat eine belebende Wirkung auf mich. Ich esse nicht alles auf, die Portion ist groß. Am Schwarzen Meer war ich noch nie, und auch noch nie in Russland. Ein paar Russen kenne ich, die trinken Wodka wie andere Völker Bier.

»Haben Sie vielleicht ein bisschen Kleingeld für mich?«

Das ist Freds Stimme – an einem der Nebentische. Er hält einen Pappbecher in der Hand, der nicht aus meinem Café stammt, was leichte Eifersucht in mir weckt. Fred zieht ein Bein nach, wenn er von Tisch zu Tisch geht, als ob es steif wäre. Vermutlich kann der General hier aufgrund der steilen Treppe am Eingang nicht hinein. Die alten Gaststätten genießen Bestandsschutz, der bauliche Zustand vor der Einführung der Barrierefreiheit muss nicht verändert werden, es sei denn, es findet ein Besitzerwechsel statt.

Fred kommt Tisch um Tisch näher, bis er vor mir steht und, ohne mich anzublicken, seinen Spruch aufsagt. Er sieht nicht gut aus, sein Allgemeinzustand hat sich verschlechtert, seit ich ihm das letzte Mal begegnet bin. Gewissensbisse und Schuldgefühle steigen in mir auf.

»Fred!«, sage ich liebevoll und mit weicher Stimme, er erkennt mich nicht, ich stehe auf. Er sieht mich stirnrunzelnd an.

»Ich bin es. Der Typ vom Café dort drüben.«

Fred blickt mir kurz in die Augen, nickt verständnisvoll, klemmt sich die Obdachlosenzeitschrift unter den Arm, dreht auf der Hacke um und verlässt zügigen Schrittes das Gorki Park, ohne das Bein nachzuziehen. Als würde er sich an mein Hausverbot erinnern, dabei aber vergessen, dass dies hier nicht mein Laden ist.

In den letzten Wochen erinnerte ich mich immer wieder an seinen Abenteurerratschlag und begriff mehr und mehr, was er damit gemeint hatte. Ich lege genügend Geld auf den Tisch, um die Rechnung zu begleichen, und folge ihm. Ich will mit ihm sprechen, ihm für seinen Rat danken und vielleicht auch Hilfe anbieten. Es muss ja nicht unbedingt Hilfe sein, die mit meinem Café in Verbindung steht.

Auf dem Weinbergsweg ist es recht still, die Elektrische der Linie M1 hält an, ihre Motoren surren im Leerlauf, nur wenige Menschen steigen aus, fast niemand steigt ein. Bevor sie wieder losfährt, klingelt sie ihr Straßenbahnklingeln, ein Fußgänger steht ihrer Weiterfahrt im Wege.

Fred ist nicht zu sehen, auch der General nicht. Wie kann er in der kurzen Zeit verschwunden sein? Ich gehe ein kleines Stück den Weinbergsweg hinauf in Richtung Prenzlauer Berg, bis zur Ecke, wo der Weinbergspark beginnt, der still und dunkel schläft und doch bedrohlich wirkt. Ein junger Mann tritt aus der Deckung des Parks und bietet mir Drogen zum Kauf an.

Ich drehe um und kehre zum Rosenthaler Platz zurück, stehe ratlos vor dem U-Bahn-Eingang am Weinbergsweg, ich gebe die Suche auf und gehe zurück zu meinem Café. Ich überquere die Brunnenstraße, gehe vorbei am Grill- und Schlemmerbuffet unter dem Fit-Sportstudio, kreuze die Torstraße, verweile einen Moment vor Yildiz Grill-Bistro, wo ich Freds Lachen höre, ihn aber nicht sehen kann.

Schließlich finde ich ihn zwischen zwei parallel zum Straßenrand parkenden Personenkraftwagen. Er kauert vor dem Kühler eines Fahrzeugs und unterhält sich. Sein Mantel bedeckt seine Beine bis zum Boden, so kann ich nicht wissen, ob er kniet oder hockt. Ich vermute, dass er telefoniert, und will ihn nicht stören. Während ich denke, dass Fred das Mobiltelefon wahrscheinlich irgendwo geklaut hat, bemerke ich, dass sein Dialog mit dem Automobil stattfindet. Sein Ohr wendet er dem Kühlergrill zu, um besser hören zu können. Kraftfahrzeuge werden schon immer so gestaltet, dass ihre

Front etwas Gesichthaftes hat. Mindestens Augen und Mund sind meist klar definiert. Fred hat die Grenze der Identifikation überschritten. Er erhebt die Symbolik zur Realität. So, wie es ihm gerade passt.

Ich kann nicht alles verstehen, was er sagt, er wartet stets geduldig die Antwort des Wagens ab und bestätigt den Empfang durch Lachen. Eine gespenstische Situation, ein Schauer überkommt mich. Ich trete an ihn heran.

»Die große Reise findet im Innern statt«, sagt er zum Kühlergrill des Wagens und wartet, um zu erwidern: »Ja, da gebe ich dir recht. Aber der Verstand bedeutet immer nur Chaos, immer Polarität …«

»Fred!«, unterbreche ich die beiden, fasse ihn an der Schulter, er schaut mich an, er sieht verrückt, aber glücklich aus. Er nickt mir zu, als ob ich nicht sähe, dass er sich in einem Gespräch befinde und ich kurz warten solle mit meinem Anliegen, bis er fertig sei. Er hört weiterhin darauf, was der Wagen zu sagen hat. Ich versuche noch ein paarmal zu ihm durchzudringen, ohne Erfolg. Ich gebe auf, er wird schon zurechtkommen. Bis hierhin hat er es auch ganz gut ohne mich geschafft. Er ist entglitten, in seine Realität, die mir gar nicht so abwegig erscheinen will.

Mit Riesenmilena über meinem Kopf, Yildiz Grill-Bistro im Rücken und Fred zu meinen Füßen, genehmige ich mir einen Blick auf meine Realität auf der anderen Straßenseite.

Mein Café ist hell erleuchtet, in mehr als der Hälfte der Fenster sind Gäste zu sehen. Es sieht nicht leer aus. Der Beweis, dass der Laden laufen kann, ist erbracht. In Gänze reicht der Umsatz noch nicht aus, aber die Tendenz ist eindeutig steigend. Den dicken Brief unseres Stromlieferanten mit der Jahresabrechnung hatte ich einige Tage erfolgreich ungeöffnet im Lüftungsraum vergraben, bis ich mich stark genug fühlte, ihn zu öffnen. Wie geahnt, fordert er eine hohe Nachzahlung und bietet mir gleich die Möglichkeit einer Ratenzahlung an. Die neuen monatlichen Abschläge sind ab sofort unangenehm hoch.

Andererseits will der größte Erfrischungsgetränkehersteller der Welt seine Produkte um jeden Preis in meinem Café platzieren. Viele Möglichkeiten der Gastakquise sind noch unausgeschöpft, die Dinge benötigen eben doch ihre Zeit. Klamotte hat recht. Ich muss kämpfen, durchhalten und keine Angst haben. Es wird schon irgendwie werden.

Mein Café sieht in der Dunkelheit richtig gut aus. Gäste stehen ihm. Die Ausleuchtung ist gelungen. Vielleicht hat Aurinia tatsächlich einen Fluch aufgelöst. Im Schankvorgarten sitzt Magnus, neben ihm auf einem Stuhl Dörte, das alte klapprige Überbleibsel aus Florians Münchner Ehe. Wieder und wieder umarmt und liebkost Magnus sie. Florian und Kaja sitzen im ersten Stock in einem der Fenster und sprechen aufgeregt miteinander, sie flirten. Herr Reinhardts stiehlt sich die große Holztreppe nach oben, blickt sich immer wieder um und verschwindet in den Toiletten. Shanti bringt eine Suppe aus der Küche, der Teller ist dermaßen voll, dass er ihn vorsichtig bis zum Gast balancieren muss. Einige Gäste stehen am Tresen und würden wohl auch etwas bestellen, wenn sie könnten, aber Milena telefoniert und lässt sie warten. Wie viel Umsatz habe ich durch Milenas Unaufmerksamkeit wohl schon verloren? Sie beendet das Telefonat, um gleich wieder eine Nummer zu wählen, noch nicht einmal einen Hinweis gibt sie den Gästen, dass sie gleich bei ihnen sein wird. Das lasse ich mir nicht mehr gefallen, ich werde dem Ganzen nun endgültig ein Ende setzen. Auf gemeinsam verbrachte Nächte kann ich keine Rücksicht mehr nehmen.

Fest entschlossen setze ich mich in Bewegung, schaue noch einmal nach Fred, der immer noch in tiefe Konversation versunken ist. Meine Schritte werden durch das Vibrieren meines Mobiltelefons in der Hosentasche gebremst. Das Display zeigt Milenas Nummer an. Ich bleibe stehen, meine Augen auf Milena im Café gerichtet, während ich das Gespräch annehme.

»Gut, dass ich dich erreiche. Wo bist du überhaupt?«

Ich sehe, dass sie sich mit der flachen Hand gestresst an die Stirn fasst.

»Ich musste etwas Dringendes erledigen.«

Ich kann nicht zugeben, essen gegangen zu sein, während sie arbeiten muss.

»Kannst du bitte schnell wiederkommen, die Bewerberin für die Frühschicht kommt gleich noch einmal her, und diesmal solltest du sie wirklich nicht verpassen.«

Das war der Grund für ihre gerade geführten Telefonate. Sie gestikuliert intensiv, während sie spricht. Diesmal kann es nicht aufgesetzt sein, sie kann nicht wissen, dass ich sie sehe. Vielleicht habe ich ihr in der Vergangenheit unrecht getan. Sie hat mir gar nichts vorgespielt, sie ist, wie sie ist. Ich beruhige mich wieder, Milena führt stets Gutes im Schilde, nur in der Umsetzung wirkt es bisweilen boshaft.

Ich stimme ihr zu, ich sollte die Bewerberin diesmal zu Gesicht bekommen, und beende das Ferngespräch. Ich nehme mir vor, dass ich auch irgendwann mal mit Fahrzeugen sprechen möchte, schwieriger als die Kommunikation mit Milena kann das nicht sein.

Milena erwartet mich vor dem Café. Sie hat Magnus in den Tresen geschickt, um die Stellung zu halten. Dörte liegt völlig erschöpft über zwei Gastplätze im Schankvorgarten gestreckt, ihre Zunge hängt hechelnd heraus. Milena ist aufgekratzt, sie lächelt mich verzerrt an.

Ich blicke fragend zurück, sie schüttelt den Kopf, als wolle sie sagen: Nein, es ist nicht das, was du denkst! Sie nimmt meine Hand und zieht mich sanft vor den Eckeingang, aus dem Blickfeld des Tresens. Wir bleiben stehen, sie dreht mich in Richtung der Riesenwerbung, mit der anderen Hand hält sie sich an meinem Oberarm fest und legt den Kopf auf meine Schulter. Ihre Berührungen sind angenehm und bedrohlich zugleich.

»Ich wollte dir etwas sehr Schönes zeigen.« Sie lässt kurz meinen Oberarm los, um mit der Hand auf das Riesenposter zu deuten.

»Ich habe das vorhin schon gesehen, als ihr schon wieder im Laden wart.«

»Nein«, sagt sie sanft, »ich meine nicht das Poster, nicht mein Foto, ich meine etwas, was dahintersteckt.«

Sie wird doch nicht die gleichen Gedanken wie Klamotte haben und mit mir über die zu erwartende Entwicklung des Platzes aufgrund der Sanierung des Gebäudes sprechen wollen?

»Vor dir liegt meine Karriere, die heute beginnt!«

Bei den letzten Worten überschlägt sich ihre Stimme, sie lässt meinen Arm los und hüpft einige Male auf und ab. Bevor ich in adäquater Weise reagieren kann, schaltet sie um. Sie beendet ihre Hüpfbewegung, streicht mir über die Wange, schaut mich traurig an.

»Leider bedeutet es auch das Ende meines Jobs bei dir. Das wollte ich dir mitteilen, und zwar früh genug, damit du noch Ersatz suchen kannst – vielleicht schon heute.«

Sie hat die gutaussehende Bewerberin also selber angerufen und herbestellt, um mich weich fallen zu lassen. Sie wollte es mir schonend beibringen. Die Dinge regeln sich wie von selbst, ich muss nur ein wenig die Zähne zusammenbeißen und abwarten.

Ich freue mich für Milena, obwohl ich nicht unbedingt

gleicher Meinung bin. Und ich freue mich für mich selber. Milena wird gehen, ohne Heulen und Zähneknirschen. Ich fühle mich befreit und glücklich. Jetzt erst wird mir bewusst, wie sehr sie mich mit ihrem wechselhaften Verhalten belastete. Milena spürt die in mir aufkeimende Freude, bezieht sie jedoch auf ihre Karriere. »Du freust dich ja richtig! Das ist schön, du bist einfach ein guter Kerl! Ich hatte gehofft, dass du meine Entscheidung verstehst. Und sei unbesorgt, es wird alles gut, wir finden eine Nachfolgerin für mich, und ich arbeite sie auch noch richtig gut ein, bevor ich dich verlasse.«

Sie umarmt mich fest und tröstet mich, ihre Hand klopft auf meinen Rücken. Mein Gefühl der Befreiung steigert sich mit jeder Berührung ihrer Hand.

In einigen Metern Entfernung steht eine kleine, gutaussehende Frau, die schüchtern wartet. Ich weiß sofort, wer das ist, sie scheint ebenso zu wissen, wer wir sind. Ich lasse Milena los, drehe sie in Richtung der wartenden Frau und sage: »Ich glaube, wir haben Besuch bekommen.«

Milena freut sich überschwänglich über die Ankunft der gutaussehenden Bewerberin, die mich nun schon in sehr verschiedenen Lebenssituationen kennengelernt hat, bevor ich je ein Wort mit ihr wechseln konnte.

»Geht es denn wieder?«, fragt Milena mich leise. Dann stellt sie uns vor. Die gutaussehende Bewerberin ist nicht mehr ganz jung, dünn und drahtig, ihr Gesicht ist markant und hübsch, eine natürliche, anziehende Ausstrahlung umgibt sie, ein wenig schüchtern und nervös wirkt sie.

»Androniki ist aber ein ungewöhnlicher Vorname«, sage ich zu ihr, während wir uns die Hände reichen.

»Das ist ein zypriotischer Name. Ich bin dort geboren worden, aber in Deutschland aufgewachsen.«

Ihre Stimme ist angenehm, der Händedruck fest, trocken

und doch beinahe zärtlich. Ich habe das Gefühl, mich kurz schütteln zu müssen. Kein Wunder, dass Milena jetzt erst den Kontakt zu Androniki hergestellt hat.

»Dieses Mädchen hier hat die Gastronomie mit der Muttermilch aufgesaugt!« Milena nimmt Androniki in den Arm und präsentiert sie mir, Androniki lächelt aufgesetzt.

»Mit der wirst du deinen Spaß haben! Lasst uns hineingehen und dort alles besprechen, hier draußen ist es zu kalt.«

Für Milena steht die Anstellung ihrer Nachfolgerin offenbar bereits fest. Lachend hakt sie sich bei Androniki unter und führt sie zum Eingang ab.

Bevor ich den beiden folge, will ich mich kurz besinnen, auf meine neuen Vorsätze und Tugenden. Ein paar Regentropfen fallen auf mein Gesicht. Ich trete an die Hauswand neben dem Eckeingang meines Cafés. Am Nachthimmel ziehen große, graue Wolken schnell vor einem hellen Mond vorbei. Der Regen nimmt zu, er ist kalt, aber erfrischend, reinigend.

Ich umarme den Mauervorsprung des barrierefreien Eckeinganges. Ich kann nicht sagen, warum, es passiert einfach. Das alte Aschinger! Ist immer gelaufen und wird immer laufen. Ich werde nicht mehr die polierte Stahlkugel sein, ich will der große Spieler sein. Im alten, rauen DDR-Spritzputz spüre ich zwei Flipperknöpfe unter meinen Fingern.

Ich mache einen Schritt zur Seite. Ein Fuchs steht direkt neben mir. Er beobachtet den Rosenthaler Platz teilnahmslos. Als die Fußgängerampel auf Rot schaltet, trottet er quer über die Kreuzung. In der Mitte bleibt er stehen und schaut sich nach mir um, als wundere er sich, dass ich ihn nicht begleite. Er wendet sich ab und zieht weiter, die Automobile rauschen hupend an ihm vorüber. Ich klatsche lächelnd mit meiner Hand an die Hauswand, schaue nach oben in den Regen und gehe hinein.

EPILOG

Milena wohnt heute mit Howard Carpendale und zwei Kindern in Steglitz, gemeinsam betreiben sie eine kleine Produktionsfirma für Industriefilme, in denen die weibliche Hauptrolle meist schnell vergeben wird.

Magnus lebt und arbeitet erfolgreich als Kunst-Fotograf in Stockholm, seinen Durchbruch erlangte er durch eine aufsehenerregende Fotoserie, die er im Berliner Lesbenmilieu aufnahm.

Shanti arbeitet nur noch halbtags als Koch. Nebenbei organisiert er Schwitzhütten für Männergruppen in den märkischen Wäldern um Berlin.

Die Zwillinge verkaufen mittlerweile im Nagelstudio auch Kaffee.

Florian und Kaja wurden ein Paar, sie leben glücklich in Schöneberg.

Fred hat eine Theatersaison lang skurrile Statistenrollen an der Berliner Volksbühne gespielt. Es ist unbekannt, was er heute treibt.

Klamotte baute seinen alten Postwagen zum Wohnmobil aus, um darin zu leben. Das, was er sonst für Kneipen übernahm, erledigt er nun für Besitzer mobiler Behausungen.

Aurinia machte sich als Heilpraktikerin selbständig und betreibt eine Praxis in Prenzlauer Berg, Dolores reinigt die Räume und assistiert ihr in allen anderen Belangen.

Der untere Teil des Laternenmastes vor dem Eckeingang des Cafés ist heute der wichtigste Ort für wild geklebte Plakate in Berlin. An guten Tagen erhöhen die immer wieder übereinandergefügten Papierlappen seinen Durchmesser auf 1,5 Meter.

Der Betreiber des Cafés hat sein Büro indessen in den Keller verlegt. Dort befindet sich zwar auch keine Heizung, aber die Lüftungsmotoren sind nicht zu hören.

Auf die Feinheiten kommt es an.